Die Erfindung von Atlantis

Illusion, ideal und fundamental

Eine Betrachtung

von

Lutz Spilker

DIE ERFINDUNG VON ATLANTIS - ILLUSION, IDEAL UND FUNDAMENTAL

Bibliografische Information der Deutschen Nationalbibliothek:
Die Deutsche Nationalbibliothek verzeichnet diese Publikation in der Deutschen Nationalbiblio-
grafie; detaillierte bibliografische Daten sind im Internet über http://dnb.dnb.de abrufbar.

Softcover ISBN: 978-3-384-28235-4
Ebook ISBN: 978-3-384-28236-1

© 2024 by Lutz Spilker
https://www.webbstar.de
Druck und Distribution im Auftrag des Autors:
tradition GmbH, An der Strusbek 10, 22926 Ahrensburg, Germany

Inhalt

ATLANTIS

Wer sie zu finden wüßte,
Glückseligster Pilot,
Die wundervolle Küste,
Wo uns kein Schmerz mehr droht!
Wo nimmer Mund vom Munde,
Vom Herzen Herz sich reißt,
Wo keine letzte Stunde
Uns bittern Abschied heißt!

Wo nicht das Flügelrauschen
Der Zeit uns mehr erschreckt,
Kein Spähen mehr, kein Lauschen
In unserm Glück uns neckt;
Wo wie in Meeresgrunde,
Versteckt von tiefster Flut,
Unendlich ew'ge Stunde
Mein Herz an deinem ruht!

Es ist kein falsch Gelüste,
In eitlem Hirn erdacht,
Die wundervolle Küste,
Sie ist kein Traum der Nacht;
In deinem Aug' und Mienen,
Da fand ich ihre Spur,
Da ist sie mir erschienen,
Die Paradiesesflur!

Herz, breite deine Schwingen!
Es gilt ein köstlich Gut,
Zu kämpfen und zu ringen,
Wohlauf und habe Mut!
Gieb dich getrost den Winden,
Nicht scheue Sturm und Riff,
Du wirst dein Eden finden;
Führt Liebe doch dein Schiff!

Robert Eduard Prutz

Robert Eduard Prutz (* 30. Mai 1816 in Stettin; † 21. Juni 1872 ebenda) war ein
deutscher Schriftsteller, Dramatiker, Pressehistoriker und einer der markantesten
Publizisten des Vormärz.

Vorwort

Liebe Leserinnen und Leser,

die Geschichte von Atlantis, wie sie von Platon in seinen Dialogen ›Timaios‹ und ›Kritias‹ erzählt wird, ist eine der faszinierendsten und zugleich rätselhaftesten Erzählungen der Antike. Diese sagenhafte Insel, die vor etwa 9.000 Jahren existiert haben soll, hat seit ihrer ersten Erwähnung im 4. Jahrhundert v. Chr. Generationen von Gelehrten, Abenteurern und Träumern inspiriert. Sie hat ihren Platz sowohl in der akademischen Diskussion als auch in der populären Kultur gefunden, wo sie als Symbol für das verlorene Paradies, technologische Überlegenheit und moralischen Verfall dient. Doch was steckt wirklich hinter der Erzählung von Atlantis? War sie eine tatsächliche historische Realität oder eine meisterhafte Allegorie, geschaffen von einem der größten Denker der westlichen Philosophie?

Dieses Buch, ›Die Erfindung von Atlantis‹, nimmt den Leser mit auf eine Reise durch die Welt des antiken Griechenlands, die philosophischen Gedanken Platons und die zahlreichen Theorien, die sich um die Existenz und den Verbleib von Atlantis ranken. Es untersucht die historischen, kulturellen und philosophischen Kontexte, in denen Platon lebte und arbeitete, und bietet eine tiefgehende Analyse der möglichen Motive, die ihn dazu veranlassten, diese faszinierende Geschichte zu erzählen.

Platons Leben und Werk

Platon, geboren 427 v. Chr. in Athen, war nicht nur ein bedeutender Philosoph, sondern auch ein kritischer Denker und scharfer Beobachter seiner Zeit. In einer Ära politischer Turbulenzen und sozialer Veränderungen strebte er danach, seine Ideen über Gerechtigkeit, Tugend und den idealen Staat in Form von Dialogen zu verbreiten. Die Akademie, die er gründete, wurde zu einem Zentrum philosophischen Denkens und hatte einen nachhaltigen Einfluss auf die westliche Philosophie. Platons Dialoge, darunter ›Der Staat‹, ›Phaidon‹ und ›Symposion‹, sind nicht nur literarische Meisterwerke, sondern auch tiefgründige Abhandlungen über Ethik, Metaphysik und politische Theorie.

In ›Timaios‹ und ›Kritias‹ beschreibt Platon Atlantis als eine große und mächtige Zivilisation, die sich durch fortschrittliche Technologie und eine beeindruckende gesellschaftliche Ordnung auszeichnete. Doch diese Inselnation verfiel schließlich der Korruption und wurde durch göttliches Eingreifen zerstört. Diese Erzählung wirft zahlreiche Fragen auf: War Atlantis eine reale Zivilisation, deren Spuren im Laufe der Jahrtausende verloren gingen, oder war sie ein Produkt von Platons genialer Vorstellungskraft, um moralische und philosophische Lektionen zu illustrieren?

Historische und kulturelle Einflüsse

Die Suche nach dem wahren Atlantis hat viele Gelehrte und Forscher dazu veranlasst, die historischen und kulturellen Einflüsse zu untersuchen, die Platon inspiriert haben könnten. Eine der prominentesten Theorien besagt, dass die minoische Zivilisation auf der Insel Kreta, die durch den katastrophalen Vulkanausbruch von Thera (heute Santorin) im 16. Jahrhundert v. Chr. zerstört wurde, als Vorbild für Atlantis gedient haben könnte. Archäologische Funde und geologische Untersuchungen unterstützen diese Hypothese, indem sie Parallelen zwischen der Beschreibung von Atlantis und den Überresten der minoischen Kultur aufzeigen.

Ein weiterer wichtiger Aspekt ist die mögliche ägyptische Verbindung. Platon behauptet, dass die Geschichte von Atlantis von ägyptischen Priestern an den griechischen Gesetzgeber Solon weitergegeben wurde, der sie dann nach Griechenland brachte. Die historische Beziehung zwischen Griechenland und Ägypten sowie die reiche Überlieferung ägyptischer Mythen und Geschichten könnten Platons Schilderung beeinflusst haben.

Philosophische und allegorische Bedeutung

Neben den historischen und kulturellen Einflüssen ist es entscheidend, die philosophischen und allegorischen Bedeutungen der Atlantis-Erzählung zu verstehen. Platon nutzte Mythen und Geschichten, um komplexe philosophische Ideen zugänglich und anschaulich zu machen. Atlantis dient in diesem Kontext als eine Allegorie für den moralischen Verfall und die Konsequenzen der Hybris. Es ist ein Spiegelbild der politischen und gesellschaftlichen Zustände seiner Zeit und eine Warnung vor den Gefahren, die entstehen, wenn Macht und Wohlstand nicht durch Tugend und Gerechtigkeit ausgeglichen werden.

Ein faszinierendes Rätsel

›Die Erfindung von Atlantis‹ lädt den Leser ein, tief in die Welt Platons einzutauchen und die verschiedenen Facetten seiner Erzählung zu erkunden. Es ist eine Reise durch antike Mythen, historische Theorien und philosophische Reflexionen. Das Buch bietet nicht nur eine fundierte wissenschaftliche Analyse, sondern auch eine spannende und unterhaltsame Erzählung, die dazu anregt, über die Grenzen von Realität und Fiktion nachzudenken.

In einer Zeit, in der Fake News und alternative Fakten die öffentliche Wahrnehmung prägen, erinnert uns die Geschichte von Atlantis daran, wie kraftvoll Erzählungen sein können und welche Auswirkungen sie auf unsere Weltanschauung haben. Sie fordert uns heraus, kritisch zu hinterfragen, was wir als Wahrheit akzeptieren, und inspiriert uns, weiter nach Wissen und Erkenntnis zu streben.

Ich lade Sie ein, mit offenen Augen und einem neugierigen Geist in die faszinierende Welt von Platons Atlantis einzutauchen und sich auf eine intellektuelle und emotionale Reise zu begeben, die Sie vielleicht näher an die Wahrheit heranführt — oder zumindest zu einer tieferen Wertschätzung der Kraft menschlicher Vorstellungskraft und des philosophischen Denkens.

Viel Freude beim Lesen und Entdecken!

Mit herzlichen Grüßen,

Lutz Spilker

Einleitung

Einführung in das Thema und Ziel des Buches - Bedeutung der Atlantis-Geschichte in der heutigen Zeit

Die Erzählung von Atlantis, erstmals vor über zweitausend Jahren von Platon in seinen Dialogen ›Timaios‹ und ›Kritias‹ niedergeschrieben, hat bis heute nichts von ihrer Faszination verloren. Diese sagenhafte Insel, die durch ihre technologische Überlegenheit und moralische Dekadenz gleichermaßen beeindruckte, bleibt eines der größten Rätsel der Menschheitsgeschichte. Doch warum beschäftigen wir uns in der modernen Welt noch immer mit dieser uralten Geschichte? Was macht Atlantis so besonders, dass es weiterhin unser kollektives Bewusstsein beflügelt?

Dieses Buch, ›Die Erfindung von Atlantis‹, hat das Ziel, tief in die Ursprünge und die vielfältigen Interpretationen der Atlantis-Geschichte einzutauchen. Es soll Licht auf die historischen, kulturellen und philosophischen Kontexte werfen, die Platons Erzählung geformt haben, und gleichzeitig die Gründe erforschen, warum Atlantis in der heutigen Zeit von so großer Bedeutung bleibt.

Die Geschichte von Atlantis ist mehr als nur eine spannende Erzählung; sie ist ein Spiegelbild menschlicher Sehnsüchte und Ängste. Platons Schilderung einer hochentwickelten Zivilisati-

on, die in einem einzigen Tag und einer Nacht durch Naturkatastrophen unterging, bietet reichlich Stoff für Spekulationen
und Theorien. Forscher und Abenteurer haben seit Jahrhunderten versucht, die Wahrheit hinter dem Mythos zu enthüllen.
Archäologische Ausgrabungen, geologische Untersuchungen
und historische Analysen haben viele Hypothesen hervorgebracht, aber keine hat bislang eine endgültige Antwort geliefert.

Die Faszination für Atlantis reicht weit über die akademische
Welt hinaus. In der Populärkultur ist Atlantis ein Synonym für
das verlorene Paradies, eine Utopie, die irgendwo jenseits unseres gegenwärtigen Verständnisses liegt. Bücher, Filme, Dokumentationen und sogar Videospiele haben den Mythos von
Atlantis immer wieder neu interpretiert und der Geschichte
neues Leben eingehaucht. Diese ständige Wiederbelebung
zeigt, wie tief verwurzelt der Mythos in unserer Kultur ist und
wie er unsere Vorstellungskraft weiterhin beflügelt.

Ein zentrales Anliegen dieses Buches ist es, die philosophische und moralische Bedeutung von Platons Atlantis-
Erzählung zu beleuchten. Platon war nicht nur ein herausra-
gender Philosoph, sondern auch ein Meister der Allegorie.
Durch die Geschichte von Atlantis wollte er nicht nur eine
spannende Erzählung bieten, sondern auch wichtige Lektionen
über Macht, Gerechtigkeit und menschliche Hybris vermitteln.
In der Figur von Atlantis spiegeln sich die Tugenden und Laster, die auch heute noch die Menschheit prägen. Die Geschichte mahnt uns, die Balance zwischen technologischer Entwicklung und moralischer Integrität zu wahren, und erinnert uns

daran, dass Hochmut und Überheblichkeit letztlich zum Untergang führen können.

In der heutigen Zeit, in der Fake News und alternative Fakten die öffentliche Meinung prägen, erinnert uns der Mythos von Atlantis daran, kritisch zu hinterfragen, was wir als Wahrheit akzeptieren. Platon selbst nutzte die Erzählung von Atlantis, um komplexe philosophische Ideen zugänglich zu machen und gleichzeitig die Grenzen zwischen Realität und Fiktion zu erkunden. Dieses Buch lädt den Leser ein, sich auf eine intellektuelle Reise zu begeben, die nicht nur die historische und archäologische Dimension von Atlantis untersucht, sondern auch die tiefere philosophische und moralische Botschaft, die Platon vermitteln wollte.

Die Geschichte von Atlantis ist ein faszinierendes Rätsel, das Generationen von Forschern, Philosophen und Träumern inspiriert hat. ›Die Erfindung von Atlantis‹ nimmt Sie mit auf eine Reise durch die antike Welt, die Gedankenwelt Platons und die vielen Theorien und Interpretationen, die seitdem entstanden sind. Es ist eine Einladung, über die Grenzen von Realität und Mythos nachzudenken und die Kraft der menschlichen Vorstellungskraft zu würdigen. Lassen Sie sich von der zeitlosen Faszination dieser legendären Insel mitreißen und entdecken Sie die Wahrheit hinter dem Mythos von Atlantis.

Teil I: Die Ursprünge der Atlantis-Erzählung

Platon: Leben und Werk

Biografie und philosophische Entwicklung - Überblick über Platons wichtigste Werke

Die faszinierende Geschichte von Atlantis, die uns in diesem Buch beschäftigt, kann nicht vollständig verstanden werden, ohne einen Blick auf die Person zu werfen, die sie erstmals erzählte: Platon. Geboren im Jahr 427 v. Chr. in Athen, einer der einflussreichsten Städte des antiken Griechenlands, zählt Platon zu den bedeutendsten Philosophen der westlichen Zivilisation. Seine Ideen und Schriften haben das philosophische Denken über Jahrtausende geprägt und tun dies bis heute.

Platon stammte aus einer angesehenen und politisch aktiven Familie. Er war der Sohn des Ariston und der Periktione, die beide adeliger Herkunft waren. In seiner Jugend erhielt Platon eine umfassende Ausbildung in Musik, Gymnastik und Philosophie, die von den besten Lehrern Athens vermittelt wurde. Diese prägten sein intellektuelles Fundament und weckten sein Interesse an den grundlegenden Fragen des menschlichen Daseins.

Ein entscheidender Wendepunkt in Platons Leben war seine Begegnung mit Sokrates, einem der bekanntesten Philosophen Athens. Sokrates, bekannt für seine dialektische Methode des Fragens und seine tiefe Skepsis gegenüber den traditionellen Glaubenssätzen, wurde Platons Lehrer und Mentor. Die sokratische Methode, die das Hinterfragen und die Suche nach Wahrheit durch dialogische Auseinandersetzung betont, beeinflusste Platons eigenes philosophisches Denken maßgeblich.

Platon war Zeuge der politischen Turbulenzen seiner Zeit, darunter der Peloponnesische Krieg und die darauf folgende Machtübernahme durch die Oligarchen, bekannt als die Dreißig Tyrannen. Diese Ereignisse, insbesondere die Hinrichtung seines Lehrers Sokrates durch das demokratische Athen, prägten Platons Ansichten über Politik und Gerechtigkeit tiefgreifend. Enttäuscht von der Politik seiner Heimatstadt, unternahm Platon mehrere Reisen, darunter Aufenthalte in Italien, Sizilien und Ägypten, wo er verschiedene philosophische und wissenschaftliche Einflüsse aufnahm.

Um 387 v. Chr. gründete Platon die Akademie in Athen, die als eine der ersten Hochschulen der westlichen Welt gilt. Die Akademie wurde zu einem Zentrum für philosophische und wissenschaftliche Studien und zog Schüler aus dem gesamten griechischen Raum an. Hier verfasste Platon die meisten seiner Dialoge, in denen er seine philosophischen Ideen in Form von Gesprächen zwischen verschiedenen Figuren, meist inklusive Sokrates, darlegte.

Platons Werk umfasst eine Vielzahl von Themen, darunter Ethik, Politik, Metaphysik, Erkenntnistheorie und Kosmologie. Seine wichtigsten Werke sind:

- **Der Staat (Politeia)**: In diesem Dialog untersucht Platon die Natur der Gerechtigkeit und entwirft das Bild eines idealen Staates, der von Philosophenkönigen regiert wird. Der ›Staat‹ ist vielleicht Platons bekanntestes Werk und bietet tiefgehende Einblicke in seine politischen und ethischen Überzeugungen.

- **Phaidon**: Dieses Werk behandelt die Unsterblichkeit der Seele und die Ideenlehre. Es beschreibt die letzten Stunden des Lebens von Sokrates und enthält einige der grundlegendsten Aspekte von Platons metaphysischen Ansichten.

- **Symposion (Das Gastmahl)**: In diesem Dialog diskutieren die Teilnehmer eines Gastmahls über die Natur der Liebe (Eros). Platon präsentiert hier verschiedene Perspektiven, die letztlich zur Vorstellung einer platonischen Liebe führen, die über das Physische hinausgeht und das Streben nach dem Göttlichen beinhaltet.

- **Timaios**: Hier entwirft Platon eine kosmologische Erzählung, die die Entstehung und Struktur des Universums beschreibt. Der Dialog enthält die erste Erwähnung von Atlantis und ist daher von besonderem Interesse für unser Buch.

• **Kritias**: Als Fortsetzung des ›Timaios‹ liefert dieser unvollendete Dialog detailliertere Beschreibungen von Atlantis und seiner Gesellschaft. Kritias ist wesentlich für das Verständnis von Platons Intentionen hinter der Atlantis-Geschichte.

• **Die Gesetze (Nomoi)**: In Platons letztem und längstem Werk untersucht er die Prinzipien der Gesetzgebung und der politischen Organisation. Anders als in ›Der Staat‹ beschäftigt sich Platon hier mit pragmatischeren Aspekten der Gesetzgebung und Verwaltung eines Staates.

Durch seine Werke schuf Platon nicht nur philosophische Theorien, sondern auch eine Methode des Denkens und Argumentierens, die die westliche Philosophie nachhaltig beeinflusste. Die Dialoge fordern den Leser dazu auf, sich aktiv mit den präsentierten Ideen auseinanderzusetzen und diese kritisch zu hinterfragen, was ein zentrales Merkmal der platonischen Philosophie darstellt.

Platons Erzählung von Atlantis sollte in diesem Kontext betrachtet werden. Sie ist nicht nur eine faszinierende Geschichte über eine verlorene Zivilisation, sondern auch ein Vehikel für tiefgehende philosophische Reflexionen. Durch die Geschichte von Atlantis konnte Platon seine Ansichten über Politik, Gesellschaft und Moral auf anschauliche Weise darstellen. Ob Atlantis tatsächlich existierte oder ein Produkt von Platons Vorstellungskraft war, bleibt Gegenstand vieler Spekulationen. Was jedoch unbestritten ist, ist die Tatsache, dass Platons Werke und seine philosophischen Ideen auch nach über zweitausend Jahren nichts von ihrer Relevanz und ihrer Fähigkeit, zum Nachdenken anzuregen, verloren haben.

In ›Die Erfindung von Atlantis‹ wird die Figur Platons und seine philosophische Entwicklung im Mittelpunkt stehen. Wir werden die historischen und intellektuellen Kontexte seiner Zeit beleuchten und untersuchen, wie seine Erlebnisse und Überzeugungen seine Werke formten. Dies wird uns helfen, die tiefere Bedeutung der Atlantis-Erzählung zu verstehen und ihre anhaltende Faszination zu erklären.

Der Dialog ›Timaios‹

Inhalt und Struktur des Dialogs - Einführung in die Atlantis-Geschichte

Der Dialog ›Timaios‹, verfasst von Platon, zählt zu den faszinierendsten und komplexesten Werken der antiken Philosophie. Dieser Dialog, der in der Form eines Gesprächs zwischen mehreren prominenten Athenern gehalten wird, vereint kosmologische, metaphysische und mythologische Elemente zu einer tiefgründigen Erzählung. Besonders bemerkenswert ist, dass der ›Timaios‹ die erste schriftliche Erwähnung von Atlantis enthält, einer sagenhaften Insel, die seitdem unzählige Generationen von Gelehrten, Abenteurern und Fantasten inspiriert hat.

Der ›Timaios‹ beginnt mit einer Zusammenkunft, an der Sokrates, Kritias, Hermokrates und Timaios teilnehmen. Sokrates, der die Rolle des Zuhörers übernimmt, fordert seine Gesprächspartner auf, ihre Vorstellungen von der idealen Natur des Universums und der Menschheit darzulegen. Timaios, ein weiser und erfahrener Philosoph aus Lokri, übernimmt die Hauptrolle in diesem Dialog und liefert eine ausführliche Darstellung der Entstehung des Universums und der Natur der Seele.

Die Struktur des Dialogs ist kunstvoll und sorgfältig gestaltet. Er beginnt mit einer kurzen Zusammenfassung des Vortagsgesprächs, in dem Sokrates seine Ideen über den idealen Staat darlegte – Gedanken, die später in ›Der Staat‹ detailliert ausgearbeitet werden sollten. Diese Einleitung dient als thematischer Rahmen und verbindet den ›Timaios‹ mit Platons umfassenderen philosophischen System.

Der Hauptteil des Dialogs wird von Timaios' Monolog dominiert, in dem er eine kosmologische Theorie präsentiert. Timaios beschreibt, wie der Demiurg, ein göttlicher Schöpfer, das Universum aus einer vormals chaotischen Materie formt, indem er Ordnung und Harmonie schafft. Diese Schöpfung ist durch und durch rational und folgt mathematischen Prinzipien, was Platons tiefen Glauben an die Bedeutung von Vernunft und Geometrie reflektiert. Timaios erklärt, wie die vier Elemente – Feuer, Wasser, Erde und Luft – miteinander interagieren und die physische Welt bilden. Diese Schilderung ist nicht nur ein Versuch, die physikalische Beschaffenheit der Welt zu erklären, sondern auch eine Reflexion über die metaphysische Ordnung und Schönheit des Kosmos.

Ein besonders faszinierender Aspekt des Dialogs ist Timaios' Beschreibung der menschlichen Seele. Er teilt die Seele in drei Teile: den rationalen, den leidenschaftlichen und den begehrlichen Teil. Diese Dreiteilung spiegelt Platons Überzeugung wider, dass der menschliche Geist komplex und vielschichtig ist und dass eine harmonische Seele notwendig ist, um ein tugendhaftes Leben zu führen.

Die Erzählung von Atlantis wird von Kritias eingebracht, der die Diskussion nach Timaios' Monolog fortführt. Kritias behauptet, dass seine Geschichte auf den Schriften des berühmten Athener Gesetzgebers Solon basiert, der sie während seiner Reisen nach Ägypten von den Priestern von Sais erfahren haben soll. Diese Einführung verleiht der Atlantis-Erzählung eine Aura von Authentizität und historischem Geheimnis.

Kritias beschreibt Atlantis als eine riesige Insel jenseits der ›Säulen des Herakles‹ (heute als die Straße von Gibraltar bekannt). Die Insel war Heimat einer hochentwickelten Zivilisation, die sowohl technologisch als auch kulturell fortgeschritten war. Atlantis wird als ein utopisches Reich geschildert, das von zehn Königen regiert wurde, die in Harmonie miteinander lebten und nach den Gesetzen des Gottes Poseidon regierten. Die Hauptstadt von Atlantis, mit ihrem prächtigen Palast und ihren komplexen Kanalsystemen, wird in lebhaften Details beschrieben, was ein Bild von erstaunlicher architektonischer und technischer Meisterschaft zeichnet.

Doch trotz ihres Reichtums und ihrer Macht verfiel Atlantis im Laufe der Zeit der Hybris und moralischen Korruption. Die Götter, erzürnt über die moralische Dekadenz der Atlantier, beschlossen, die Insel zu bestrafen. In einer einzigen schrecklichen Nacht und einem Tag wurde Atlantis durch gewaltige Erdbeben und Überschwemmungen zerstört und verschwand im Meer.

Diese Erzählung dient nicht nur als faszinierender Mythos, sondern auch als moralische Lehre. Platon nutzte die Geschichte von Atlantis, um seine philosophischen Ansichten über die Natur der Gerechtigkeit, die Gefahren von Überheblichkeit und die Vergänglichkeit menschlicher Errungenschaften zu vermitteln. Atlantis steht als Symbol für die Zerbrechlichkeit menschlicher Gesellschaften und die Notwendigkeit moralischer und politischer Integrität.

Insgesamt ist der ›Timaios‹ ein Werk von großer philosophischer und literarischer Tiefe. Die Einführung der Atlantis-Geschichte innerhalb dieses Dialogs fügt eine zusätzliche Ebene von Bedeutung und Intrige hinzu, die das Werk über seine kosmologischen und metaphysischen Erörterungen hinaushebt. Durch die Verbindung von wissenschaftlichen Erklärungen, philosophischen Reflexionen und mythologischen Erzählungen schuf Platon einen Text, der die Leser seit Jahrhunderten fesselt und inspiriert.

Mit diesem Verständnis des ›Timaios‹ und der Atlantis-Erzählung als Teil davon können wir tiefer in die Fragen eintauchen, die dieses Buch aufwirft: War Atlantis eine reale Zivilisation oder eine geniale Erfindung Platons? Welche Absichten verfolgte Platon mit dieser Erzählung, und wie hat sie das westliche Denken beeinflusst? Diese und viele weitere Fragen werden wir im Laufe dieses Buches erkunden, um die vielschichtigen Bedeutungen und die anhaltende Faszination von Atlantis zu entschlüsseln.

Der Dialog ›Kritias‹

**Fortsetzung und Details der Atlantis-Erzählung - Analyse
der erzählerischen und philosophischen Elemente**

Im Dialog ›Kritias‹, der als Fortsetzung des ›Timaios‹ fungiert,
vertieft Platon die Geschichte von Atlantis und enthüllt weitere
faszinierende Details über die sagenumwobene Insel und ihre
Bewohner. ›Kritias‹ ist zugleich ein Versuch, die moralischen
und politischen Ideen, die im ›Timaios‹ angeklungen sind, weiter zu entwickeln und zu illustrieren. Dabei nutzt Platon die
Erzählung von Atlantis als ein komplexes literarisches und philosophisches Werkzeug.

›Kritias‹ beginnt unmittelbar dort, wo ›Timaios‹ endet, und
übernimmt die Rolle des Erzählers, um die Geschichte von
Atlantis weiterzuführen. Kritias, der nach Platons Darstellung
der Enkel des großen athenischen Gesetzgebers Solon ist, behauptet, dass die Geschichte von Atlantis auf Berichten beruht,
die Solon von ägyptischen Priestern erhalten haben soll. Diese
Erzählweise verleiht der Atlantis-Geschichte eine vermeintliche
historische Authentizität und verstärkt die mystische Aura, die
Atlantis umgibt.

Kritias beschreibt Atlantis als ein großes Inselreich, das jenseits der Säulen des Herakles liegt. Diese geographische Lage
deutet darauf hin, dass Atlantis im Atlantischen Ozean gelegen

haben könnte. Die Insel war größer als Libyen und Kleinasien zusammen und wurde von Poseidon, dem Gott des Meeres, geschaffen und beherrscht. Poseidon teilte die Insel unter seinen zehn Söhnen auf, wobei jeder Sohn ein Königreich erhielt, das er gerecht und weise regieren sollte.

Die Hauptstadt von Atlantis wird in außergewöhnlichen Details beschrieben: Eine riesige Stadt, umgeben von konzentrischen Wasserringen und Landmauern, die durch prächtige Brücken miteinander verbunden sind. Der zentrale Hügel der Stadt beherbergte den prächtigen Tempel des Poseidon, der mit Silber, Gold und Orichalkum, einem mythischen Metall, verziert war. Dieser prachtvolle Tempel war das religiöse und politische Zentrum der atlantischen Zivilisation.

Die Gesellschaft von Atlantis wird als ein Modell von Wohlstand und Ordnung geschildert. Die Atlantier waren Meister in der Landwirtschaft, Architektur und Technologie. Sie bauten weitläufige Kanalsysteme, um ihre Felder zu bewässern, und errichteten beeindruckende Bauwerke, die die Macht und den Reichtum ihrer Zivilisation demonstrierten. Die wirtschaftliche und kulturelle Blüte von Atlantis schien keine Grenzen zu kennen, und die Atlantier lebten in einer Ära des Friedens und Wohlstands.

Doch Platon nutzt diese utopische Beschreibung nicht, um einfach nur ein idealisiertes Bild zu zeichnen. Im Verlauf der Erzählung beginnt Kritias, die moralische und politische Degeneration der Atlantier zu schildern. Mit zunehmendem Reichtum und Macht verfielen die Bewohner von Atlantis der Hybris und Ungerechtigkeit. Sie wurden gierig, korrupt und begannen, andere Völker zu unterwerfen und zu versklaven. Diese moralische Verkommenheit führte schließlich zum Zorn der Götter.

Die Strafe für diese Verfehlungen kam in Form einer gewaltigen Naturkatastrophe. Innerhalb eines einzigen Tages und einer Nacht wurde Atlantis von heftigen Erdbeben und gewaltigen Flutwellen heimgesucht. Die gesamte Insel versank im Meer und hinterließ nur die Legende einer einst glorreichen, aber letztlich gescheiterten Zivilisation.

Die Erzählung von Atlantis im ›Kritias‹ dient Platon nicht nur als faszinierende Geschichte, sondern auch als philosophische Allegorie. Durch die Beschreibung des Aufstiegs und Falls von Atlantis illustriert Platon seine Überzeugungen über die Natur menschlicher Gesellschaften und die Gefahren moralischer Korruption. Atlantis steht als Symbol für die Fragilität menschlicher Errungenschaften und die Notwendigkeit von Tugend und Gerechtigkeit.

Philosophisch betrachtet, reflektiert der ›Kritias‹ Platons Theorie der idealen Gesellschaft und die Gefahren, die sie bedrohen. Die Geschichte von Atlantis stellt die Spannungen zwischen Macht, Moral und Gerechtigkeit dar und warnt vor den Konsequenzen, wenn eine Gesellschaft diese Balance verliert. Durch die fiktive Erzählung schafft Platon einen Rahmen, in dem er seine politischen und ethischen Ideen lebendig und greifbar macht.

Ein weiterer wichtiger Aspekt des ›Kritias‹ ist seine Verbindung zur platonischen Ideenlehre. Die Atlantis-Erzählung kann als eine Metapher für die Suche nach dem Ideal und den Kampf gegen die Unvollkommenheiten der materiellen Welt interpretiert werden. Die Erschaffung und der Untergang von Atlantis spiegeln die dynamische Beziehung zwischen der Welt der Ideen und der realen Welt wider, in der die perfekte Form immer bedroht ist durch die Schwächen und Fehler der menschlichen Natur.

›Kritias‹ bleibt unvollendet, was der Erzählung von Atlantis eine zusätzliche Schicht von Mysterium verleiht. Das plötzliche Ende des Dialogs hat viele Gelehrte und Leser dazu veranlasst, über Platons Absichten zu spekulieren. Wollte Platon bewusst ein offenes Ende hinterlassen, um seine Leser zum Nachdenken anzuregen? Oder ging das Werk aus anderen, unbekannten Gründen unvollendet? Diese Fragen tragen zur anhaltenden Faszination und zum Rätsel um Atlantis bei.

Insgesamt stellt der ›Kritias‹ eine reiche und komplexe Fortsetzung der Atlantis-Erzählung dar. Durch die detaillierte Beschreibung der atlantischen Gesellschaft und deren Untergang bietet Platon eine tiefgehende philosophische Reflexion über die Natur von Macht, Moral und Gerechtigkeit. Diese Erzählung hat die Vorstellungskraft von Generationen beflügelt und bleibt ein faszinierendes Beispiel für die Kraft philosophischer Mythen und Geschichten. In diesem Buch werden wir weiter erforschen, wie Platons Schöpfung von Atlantis als literarisches und philosophisches Meisterwerk die Grenzen zwischen Fiktion und Realität verwischt und die Bedeutung dieser Erzählung in der Geschichte des Denkens und der Kultur untersucht.

Die Quellen der Atlantis-Erzählung

Ägyptische Einflüsse und die Rolle von Solon - Historische und mythologische Vorbilder

Die Erzählung von Atlantis, wie sie von Platon in den Dialogen ›Timaios‹ und ›Kritias‹ überliefert wird, ist nicht nur ein faszinierendes Beispiel literarischer Kreativität, sondern auch ein komplexes Geflecht aus historischen und mythologischen Einflüssen. Platon verankert seine Geschichte in einem historischen Kontext, der auf den Berichten des athenischen Gesetzgebers Solon basiert, der seinerseits von ägyptischen Priestern über Atlantis erfahren haben soll. Dieses Kapitel beleuchtet die ägyptischen Einflüsse, die Rolle von Solon und die historischen und mythologischen Vorbilder, die Platons Atlantis-Erzählung geprägt haben könnten.

Die ägyptische Verbindung in Platons Erzählung ist von zentraler Bedeutung. Kritias berichtet, dass Solon, einer der sieben Weisen Griechenlands, während seiner Reisen nach Ägypten auf die Atlantis-Geschichte stieß. In der Stadt Sais, so berichtet Kritias, traf Solon auf Priester, die über uralte Aufzeichnungen verfügten, welche die Geschichte von Atlantis enthielten. Diese Ägypter, die ihre Zivilisation als eine der ältesten und weisesten betrachteten, behaupteten, Kenntnisse über Ereignisse zu besitzen, die sich viele tausend Jahre zuvor zugetragen hatten.

Ägypten war in der Antike für seine umfangreichen schriftlichen Aufzeichnungen und seine reiche mythologische Tradition bekannt. Die ägyptischen Priester galten als Hüter von Wissen, das weit in die Vergangenheit zurückreichte. Dieses Bild von Ägypten als eine Quelle uralten Wissens verlieh Platons Erzählung eine zusätzliche Dimension der Glaubwürdigkeit und Tiefe. Es ermöglichte ihm, Atlantis nicht nur als einen mythischen Ort, sondern als eine verlorene Zivilisation mit einer realen historischen Grundlage darzustellen.

Solon selbst spielt eine zentrale Rolle in der Vermittlung der Atlantis-Geschichte. Als angesehener Staatsmann, Dichter und Gesetzgeber genoss er großes Ansehen in Athen. Seine Reise nach Ägypten und die Begegnung mit den Priestern von Sais könnten tatsächlich historisch gewesen sein, auch wenn die Atlantis-Geschichte selbst keine belegte historische Tatsache ist. Solon wurde oft als eine Brücke zwischen verschiedenen Kulturen und Wissenssystemen gesehen, und Platons Entscheidung, ihn als Vermittler der Atlantis-Erzählung zu wählen, verleiht der Geschichte eine tiefergehende Bedeutung.

Historisch betrachtet, könnte Platons Schilderung von Atlantis auch von realen Ereignissen und Orten inspiriert worden sein. Einige Gelehrte haben Parallelen zwischen Atlantis und der minoischen Zivilisation auf Kreta gezogen, die um 1600 v. Chr. durch einen katastrophalen Vulkanausbruch auf der Insel Thera (heute Santorin) zerstört wurde. Diese Naturkatastrophe führte zu massiven Erdbeben und Tsunamis, die die minoische Kultur schwer trafen. Der Untergang dieser fortschrittlichen

Zivilisation könnte als eine historische Vorlage für die Atlantis-Geschichte gedient haben.

Darüber hinaus gibt es Hinweise darauf, dass Platon von anderen mythologischen Erzählungen beeinflusst wurde. Die Idee einer großen Insel oder eines Kontinents, der im Meer versinkt, ist in vielen Kulturen präsent. Die griechische Mythologie selbst enthält Geschichten von verlorenen Welten und untergegangenen Zivilisationen. Ein Beispiel ist die Erzählung von der Sintflut, die in verschiedenen Formen in der griechischen, mesopotamischen und biblischen Tradition vorkommt. Diese Geschichten teilen das Motiv einer göttlichen Strafe, die über eine korrupte und sündige Menschheit verhängt wird.

Platon nutzte diese mythologischen und historischen Vorbilder, um eine vielschichtige Erzählung zu schaffen, die sowohl als philosophische Allegorie als auch als spannende Geschichte dient. Atlantis ist nicht nur ein Ort, sondern ein Symbol für die Gefahren der Hybris, die Fragilität menschlicher Gesellschaften und die ewige Suche nach einer idealen Welt. Durch die Verflechtung von Geschichte, Mythologie und Philosophie schuf Platon eine Erzählung, die bis heute fasziniert und inspiriert.

Ein weiterer Aspekt, der bei der Analyse der Quellen der Atlantis-Erzählung berücksichtigt werden muss, ist Platons eigene philosophische Agenda. Platons Atlantis ist nicht nur eine verlorene Zivilisation, sondern auch ein Mittel, um seine Ideen über die ideale Gesellschaft, die Natur der Gerechtigkeit und die Rolle der Philosophen zu vermitteln. In ›Der Staat‹ beschreibt Platon seine Vision eines perfekten Gemeinwesens, das von weisen und gerechten Herrschern regiert wird. Atlantis, mit seiner Mischung aus utopischen und dystopischen Elementen, dient als eine Art Gegenbild, das die Gefahren von Machtmissbrauch und moralischer Korruption aufzeigt.

Die Atlantis-Geschichte ist somit ein Spiegel, in dem Platons philosophische Überzeugungen und die kulturellen Einflüsse seiner Zeit reflektiert werden. Sie zeigt, wie Mythen und Geschichten genutzt werden können, um tiefere Wahrheiten über die menschliche Natur und die Struktur der Gesellschaft zu vermitteln. Durch die Untersuchung der ägyptischen Einflüsse, der Rolle von Solon und der historischen und mythologischen Vorbilder können wir besser verstehen, wie Platon die Atlantis-Erzählung konstruierte und welche Bedeutung sie in seinem Gesamtwerk einnimmt.

Zusammenfassend lässt sich sagen, dass Platons Atlantis-Erzählung ein faszinierendes Beispiel für die Verbindung von Geschichte, Mythologie und Philosophie ist. Die ägyptischen Einflüsse und die Rolle von Solon verleihen der Geschichte eine historische Tiefe und Glaubwürdigkeit, während die mythologischen Vorbilder und Platons eigene philosophische Agenda die Erzählung zu einer vielschichtigen und zeitlosen Allegorie machen. Atlantis bleibt ein Symbol für die ewige menschliche Suche nach Wissen, Weisheit und der idealen Gesellschaft, ein Symbol, das in der heutigen Zeit genauso relevant ist wie zu Platons Lebzeiten.

Teil II: Historische und archäologische Kontexte

Die minoische Zivilisation

Überblick über die minoische Kultur und Geschichte - Archäologische Entdeckungen auf Kreta

Die minoische Zivilisation, die auf der griechischen Insel Kreta blühte, ist eine der faszinierendsten und am besten erforschten Kulturen der Bronzezeit. Ihre beeindruckende Architektur, fortschrittliche Kunst und weitreichenden Handelsnetzwerke zeugen von einer hoch entwickelten Gesellschaft, die zwischen etwa 2600 und 1100 v. Chr. existierte. Diese Zivilisation wurde nach dem legendären König Minos benannt, dessen Name in der griechischen Mythologie untrennbar mit dem Labyrinth und dem Minotaurus verbunden ist.

Kreta, die größte der griechischen Inseln, bot mit ihrem milden Klima und fruchtbaren Boden ideale Bedingungen für die Entstehung einer florierenden Kultur. Die Minoer entwickelten eine komplexe Gesellschaft, die auf Landwirtschaft, Handel und Handwerk basierte. Die archäologischen Entdeckungen auf Kreta haben ein reiches Bild dieser Zivilisation enthüllt, das von prächtigen Palästen, kunstvollen Fresken und beeindruckenden Artefakten geprägt ist.

Die minoische Kultur erreichte ihren Höhepunkt während der sogenannten Palastzeit, die in die frühe (ca. 2000-1700 v. Chr.), mittlere (ca. 1700-1550 v. Chr.) und späte (ca. 1550-1100 v. Chr.) Phase unterteilt wird. Die ersten großen Paläste, wie jener in Knossos, wurden um 2000 v. Chr. errichtet und dienten nicht nur als Residenzen der Herrscher, sondern auch als politische, wirtschaftliche und religiöse Zentren. Diese Paläste waren Meisterwerke der Architektur, ausgestattet mit komplexen Grundrissen, monumentalen Treppenhäusern, großen Höfen und aufwändig dekorierten Räumen.

Knossos, der größte und bekannteste minoische Palast, ist das zentrale Symbol der minoischen Kultur. Der Palast von Knossos wurde erstmals von dem britischen Archäologen Sir Arthur Evans im frühen 20. Jahrhundert ausgegraben. Evans' Entdeckungen revolutionierten unser Verständnis der Bronzezeit im östlichen Mittelmeerraum. Er legte die beeindruckenden Strukturen des Palastes frei, darunter den Thronsaal, die Königinnenkammern und das sogenannte Labyrinth, das möglicherweise die Grundlage für die mythische Erzählung des Minotaurus bildete.

Die Fresken von Knossos, die Wände und Decken des Palastes schmückten, bieten einen lebendigen Einblick in das Leben der Minoer. Diese Kunstwerke zeigen Szenen aus dem Alltag, religiöse Rituale und Naturmotive in lebhaften Farben und dynamischen Kompositionen. Besonders bekannt sind die Darstellungen von Stiersprüngen, die auf ein bedeutendes religiöses Ritual hindeuten, bei dem junge Männer und Frauen akrobatische Sprünge über Stiere ausführten. Diese Fresken spiegeln die Ästhetik und den künstlerischen Reichtum der minoischen Kultur wider.

Ein weiteres bedeutendes Merkmal der minoischen Zivilisation ist ihr ausgedehntes Handelsnetzwerk. Die Minoer unterhielten Handelsbeziehungen mit Ägypten, dem Nahen Osten, dem griechischen Festland und anderen Regionen des Mittelmeerraums. Sie exportierten Luxusgüter wie fein gearbeitete Keramik, Schmuck und Textilien und importierten Rohstoffe wie Kupfer, Zinn und Gold. Diese Handelsaktivitäten trugen zur wirtschaftlichen Blüte und kulturellen Vielfalt der minoischen Gesellschaft bei.

Die Religion spielte eine zentrale Rolle im Leben der Minoer. Archäologische Funde deuten darauf hin, dass sie eine Vielzahl von Göttern und Göttinnen verehrten, von denen viele mit der Natur und der Fruchtbarkeit in Verbindung standen. Zahlreiche Kultstätten, sowohl in den Palästen als auch in abgelegenen Höhlen und auf Berggipfeln, bezeugen die Bedeutung religiöser Praktiken. Die Stierkulte, die in den Fresken dargestellt sind, und die häufige Darstellung der Schlangengöttin sind Hinweise auf die zentrale Rolle von Tierkulten und Naturverehrung in der minoischen Religion.

Das plötzliche Ende der minoischen Zivilisation bleibt eines der großen Rätsel der Archäologie. Um etwa 1450 v. Chr. wurden viele minoische Paläste und Siedlungen zerstört, möglicherweise durch eine Kombination von Naturkatastrophen und Eroberungen durch mykenische Griechen. Der gewaltige Vulkanausbruch auf der Insel Thera (heute Santorin) um 1600 v. Chr. wird oft als eine mögliche Ursache für den Niedergang der minoischen Kultur genannt. Der Ausbruch verursachte massive Zerstörungen und könnte zu verheerenden Tsunamis und Klimaveränderungen geführt haben, die die minoische Wirtschaft und Gesellschaft schwer beeinträchtigten.

Die minoische Zivilisation hinterließ ein reiches Erbe, das in den archäologischen Stätten Kretas und den Kunstwerken, die dort gefunden wurden, weiterlebt. Ihre Beiträge zur Kunst, Architektur und Religion haben die Entwicklung der späteren griechischen Kultur tiefgreifend beeinflusst. Die Entdeckungen auf Kreta bieten wertvolle Einblicke in eine der bemerkenswertesten Zivilisationen der Bronzezeit und tragen zu unserem Verständnis der frühesten Hochkulturen Europas bei.

Im Zusammenhang mit Platons Erzählung von Atlantis bieten die minoischen Überreste eine faszinierende Perspektive. Während Platon Atlantis als eine verlorene Zivilisation darstellt, die aufgrund ihrer moralischen Verfehlungen unterging, zeigt die Geschichte der Minoer eine Kultur, die durch äußere Katastrophen und möglicherweise auch interne Konflikte zerstört wurde. Die Parallelen zwischen der minoischen Zivilisation und der Beschreibung von Atlantis – eine fortschrittliche, maritime Gesellschaft, die durch eine Naturkatastrophe zerstört wurde – sind unverkennbar und könnten Platon als Inspirationsquelle gedient haben.

Die Erforschung der minoischen Zivilisation auf Kreta bietet daher nicht nur ein tieferes Verständnis einer faszinierenden Kultur, sondern auch wertvolle Hinweise darauf, wie historische Ereignisse und archäologische Funde mythologische und philosophische Erzählungen wie die von Atlantis beeinflusst haben könnten. Durch die Untersuchung der minoischen Kultur und ihrer archäologischen Entdeckungen erhalten wir einen einzigartigen Einblick in die Komplexität und den Reichtum der antiken Welt, die Platon und seine Zeitgenossen umgab und inspirierte.

Der Vulkanausbruch von Thera

Geologische und archäologische Untersuchungen - Mögliche Verbindungen zu Platons Atlantis

Der Vulkanausbruch von Thera, der heute als einer der gewaltigsten Naturkatastrophen der Menschheitsgeschichte gilt, hat nicht nur die Landschaft der ägäischen Inseln dramatisch verändert, sondern auch die Geschichte der minoischen Zivilisation und möglicherweise die Entstehung des Mythos von Atlantis tiefgreifend beeinflusst. Diese gewaltige Eruption, die um 1600 v. Chr. stattfand, hinterließ unauslöschliche Spuren in der Geologie und Archäologie der Region und bietet faszinierende Parallelen zu Platons Erzählung von Atlantis.

Die Insel Thera, heute bekannt als Santorin, liegt im südlichen Teil der Ägäis und bildete einst den Mittelpunkt einer blühenden Kultur. Die Insel war Teil des minoischen Reiches und besaß bedeutende Siedlungen, von denen Akrotiri die bekannteste ist. Akrotiri war eine wohlhabende Stadt mit komplexen Gebäuden, kunstvollen Fresken und einer hochentwickelten Infrastruktur. Die Ausgrabungen, die in den 1960er Jahren unter der Leitung des griechischen Archäologen Spyridon Marinatos begannen, haben ein beeindruckendes Bild dieser prähistorischen Stadt freigelegt.

Der Vulkanausbruch von Thera war eine katastrophale Ereignisfolge, die mit einer Reihe von schweren Erdbeben begann. Diese Erdbeben zerstörten Gebäude und Infrastruktur, ließen aber den Bewohnern Zeit, die Stadt zu evakuieren. Die eigentliche Eruption, die darauf folgte, war von beispielloser Heftigkeit. Der Vulkan schleuderte gewaltige Mengen an Asche, Bimsstein und Gestein in die Atmosphäre, was zu einer massiven Aschesäule führte, die sich über mehrere Kilometer erstreckte. Die Explosionen zerrissen die Insel, und das Zentrum von Thera kollabierte in die darunterliegende Magmakammer, was zur Bildung einer Caldera führte.

Die geologischen Untersuchungen zeigen, dass die Ascheschicht, die sich über die ägäische Region und bis nach Anatolien erstreckte, eine Dicke von mehreren Metern erreichte. Diese Ascheablagerungen haben nicht nur die Vegetation zerstört und die landwirtschaftliche Produktion zum Erliegen gebracht, sondern auch weite Teile der ägäischen Inseln und Küstenlinien unter sich begraben. Die Eruption verursachte zudem massive Tsunamis, die die Küsten Kretas und anderer umliegender Regionen trafen und weiteren Schaden anrichteten.

Archäologische Untersuchungen in Akrotiri haben ergeben, dass die Stadt vor dem Ausbruch verlassen wurde. Die Abwesenheit von menschlichen Überresten und Wertgegenständen deutet darauf hin, dass die Einwohner ausreichend Zeit hatten, um zu fliehen, was die Annahme bestätigt, dass die Erdbeben als Vorwarnung dienten. Die Stadt wurde jedoch durch die dicken Schichten von Bimsstein und Asche konserviert, ähnlich wie Pompeji beim Ausbruch des Vesuvs. Die Fresken und Artefakte, die bei den Ausgrabungen gefunden wurden, bieten wertvolle Einblicke in das Leben und die Kultur der minoischen Zeit.

Die Zerstörungskraft des Ausbruchs und seine Auswirkungen auf die minoische Zivilisation könnten eine historische Grundlage für Platons Erzählung von Atlantis bieten. In ›Timaios‹ und ›Kritias‹ beschreibt Platon eine hochentwickelte, maritime Zivilisation, die durch eine Naturkatastrophe vernichtet wurde. Diese Beschreibung weist auffällige Parallelen zur minoischen Kultur und ihrem plötzlichen Untergang auf. Die minoische Zivilisation, die eine fortschrittliche Architektur, Kunst und ein umfangreiches Handelsnetzwerk besaß, könnte als Vorbild für Platons Atlantis gedient haben.

Ein zentrales Element in Platons Erzählung ist die Idee, dass Atlantis innerhalb eines einzigen Tages und einer Nacht durch ›ungeheure Erdbeben und Überschwemmungen‹ unterging. Der Vulkanausbruch von Thera, gefolgt von zerstörerischen Tsunamis, passt bemerkenswert gut zu dieser Beschreibung. Die schnellen und verheerenden Auswirkungen des Ausbruchs könnten in den kollektiven Erinnerungen der Menschen der Region weitergelebt haben und als Inspiration für mythologische Erzählungen gedient haben, die Platon dann in seiner Philosophie aufgriff.

Darüber hinaus könnte die Erinnerung an die minoische Zivilisation und ihren Untergang durch mündliche Überlieferungen und lokale Legenden weitergegeben worden sein. Die Geschichten von einer einst mächtigen und wohlhabenden Kultur, die durch Naturkatastrophen vernichtet wurde, hätten Platons Vorstellungskraft beflügelt und ihm das narrative Gerüst für Atlantis geliefert. Es ist auch möglich, dass Platon von ägyptischen oder kretischen Quellen über den Untergang der minoischen Zivilisation erfahren hat und diese Berichte in seine Dialoge integrierte, um seine philosophischen Ideen zu illustrieren.

Ein weiterer wichtiger Aspekt, der die Verbindung zwischen dem Ausbruch von Thera und der Atlantis-Erzählung unterstützt, ist die geografische Lage. Platons Atlantis wird jenseits der ›Säulen des Herakles‹ (die Straße von Gibraltar) beschrieben, was auf den ersten Blick nicht mit der Ägäis übereinstimmt. Jedoch könnte Platon, der nicht nur Philosoph, sondern auch ein kreativer Erzähler war, geographische Details verändert haben, um seine Geschichte universeller und mythischer zu gestalten.

Die minoische Zivilisation und der Vulkanausbruch von Thera bieten somit eine plausible historische Grundlage für Platons Atlantis. Sie zeigen, wie reale Ereignisse und Katastrophen in mythologische Erzählungen transformiert werden können, um tiefere Wahrheiten über die menschliche Natur und Gesellschaft zu vermitteln. Die archäologischen Entdeckungen auf Kreta und Santorin erweitern unser Verständnis dieser bemerkenswerten Kultur und ihres dramatischen Endes und eröffnen neue Perspektiven auf die Entstehung und Bedeutung von Platons zeitloser Erzählung.

Zusammenfassend lässt sich sagen, dass die Untersuchung des Vulkanausbruchs von Thera und seiner Auswirkungen auf die minoische Zivilisation nicht nur wertvolle geologische und archäologische Erkenntnisse liefert, sondern auch das Potenzial besitzt, die Wurzeln eines der größten Mythen der Menschheitsgeschichte zu erhellen. Platons Atlantis bleibt ein faszinierendes Rätsel, doch die Verbindungen zur minoischen Zivilisation und ihrer katastrophalen Zerstörung durch den Ausbruch von Thera bieten eine mögliche Erklärung, die sowohl die historische Realität als auch die mythologische Fantasie miteinander verwebt.

Andere antike Zivilisationen

Vergleich mit anderen Hochkulturen des Mittelmeerraums - Parallelen und Unterschiede

Die Geschichte des Mittelmeerraums ist reich an bedeutenden Zivilisationen, die in ihrer Blütezeit großartige kulturelle, technische und soziale Errungenschaften hervorbrachten. Diese antiken Hochkulturen, darunter die Ägypter, die Hethiter, die Phönizier, die Mykener und die Etrusker, prägten die Entwicklung der Region und hinterließen ein Erbe, das bis heute nachwirkt. Ein Vergleich dieser Zivilisationen mit der mythischen Erzählung von Atlantis bietet interessante Einsichten in die gemeinsamen Merkmale und die einzigartigen Aspekte jeder Kultur.

Die Ägyptische Zivilisation

Die ägyptische Zivilisation, eine der ältesten und beständigsten Kulturen der Welt, erstreckte sich entlang des Nils und erreichte ihre größte Blütezeit während des Alten, Mittleren und Neuen Reiches. Ägypten war bekannt für seine beeindruckenden architektonischen Leistungen, darunter die Pyramiden von Gizeh und die Tempel von Karnak und Luxor. Die Gesellschaft war stark hierarchisch gegliedert, mit einem gottähnlichen Pharao an der Spitze, der als Vermittler zwischen den Göttern und den Menschen fungierte.

Im Vergleich zur Atlantis-Erzählung zeigen sich mehrere Parallelen. Beide Kulturen verfügten über eine hochentwickelte Architektur und ein tiefes religiöses Verständnis. Platons Beschreibung von Atlantis als einer hochzivilisierten Gesellschaft mit prächtigen Tempeln und fortschrittlicher Technologie könnte von den beeindruckenden Bauwerken und der religiösen Bedeutung der ägyptischen Zivilisation inspiriert worden sein. Jedoch unterscheidet sich die politische Struktur erheblich, da Atlantis als eine mehr dezentralisierte Gesellschaft beschrieben wird, während Ägypten von einer zentralisierten Monarchie beherrscht wurde.

Die Hethitische Zivilisation

Die Hethiter, die im 2. Jahrtausend v. Chr. in Anatolien (heutige Türkei) lebten, waren bekannt für ihre militärische Stärke und ihre Fähigkeit, große Reiche zu verwalten. Ihre Hauptstadt Hattusa war ein Zentrum politischen und kulturellen Lebens, das durch monumentale Stadtmauern und eindrucksvolle Bauwerke gekennzeichnet war. Die Hethiter entwickelten ein fortschrittliches Rechtssystem und unterhielten weitreichende diplomatische Beziehungen mit anderen Mächten des Mittelmeerraums.

Im Vergleich zu Atlantis weisen die Hethiter ebenfalls Merkmale einer fortschrittlichen Zivilisation auf, insbesondere in Bezug auf ihre Verwaltung und ihr militärisches Können. Die Idee von Atlantis als einer mächtigen und gut organisierten Seemacht spiegelt sich in der hethitischen Fähigkeit wider, große Territorien zu kontrollieren und komplexe politische Systeme zu betreiben. Unterschiede bestehen jedoch in der geographischen Lage und der maritimen Ausrichtung, die bei Atlantis eine zentrale Rolle spielt, während die Hethiter eher eine landbasierte Macht waren.

Die Phönizische Zivilisation

Die Phönizier, die im heutigen Libanon und entlang der Küsten des östlichen Mittelmeers lebten, sind vor allem für ihre herausragenden Fähigkeiten in der Seefahrt und im Handel bekannt. Sie gründeten zahlreiche Kolonien, darunter das berühmte Karthago, und entwickelten ein Alphabet, das die Grundlage für viele spätere Schriftsysteme bildete. Ihre Städte wie Tyros und Sidon waren Zentren des Handels und der Kultur, und ihre maritime Dominanz sicherte ihnen Reichtum und Einfluss.

Die phönizische Zivilisation zeigt deutliche Parallelen zu Atlantis, insbesondere hinsichtlich ihrer maritimen Fähigkeiten und ihrer Handelsnetzwerke. Platons Atlantis wird als ein reiches und mächtiges Inselreich beschrieben, das durch seine Handelsflotten Wohlstand erlangte. Diese maritime Dominanz und der wirtschaftliche Reichtum spiegeln die historischen Realitäten der phönizischen Kultur wider. Dennoch unterscheidet sich die narrative Struktur, da Atlantis als eine utopische und zugleich gescheiterte Gesellschaft dargestellt wird, während die Phönizier einen realen und nachhaltigen Einfluss auf die Mittelmeerregion ausübten.

Die Mykenische Zivilisation

Die Mykener, die während der späten Bronzezeit (ca. 1600–1100 v. Chr.) in Griechenland lebten, waren die Vorläufer der klassischen griechischen Zivilisation. Ihre mächtigen Paläste, wie der in Mykene und Tiryns, sowie ihre Kriegerkultur und Handelsbeziehungen prägten die ägäische Welt. Die mykenische Gesellschaft war stark hierarchisch und von mächtigen Königen regiert, die in prächtigen Residenzen lebten und weitreichende Handels- und Militärnetze unterhielten.

Atlantis und die mykenische Zivilisation teilen einige grundlegende Merkmale, darunter eine ausgeprägte Hierarchie und die Bedeutung von Macht und Reichtum. Platons Atlantis als eine fortschrittliche und prächtige Gesellschaft könnte von den beeindruckenden mykenischen Palästen und ihrer Kriegerelite inspiriert worden sein. Die Mykener waren auch für ihre maritimen Fähigkeiten bekannt, was eine weitere Parallele darstellt. Jedoch unterscheidet sich die Art der Überlieferung: Während Atlantis eine philosophische Allegorie ist, basieren unsere Kenntnisse über die Mykener auf archäologischen Funden und historischen Texten wie den Epen Homers.

Die Etruskische Zivilisation

Die Etrusker, die in Mittelitalien lebten und ihre Blütezeit zwischen dem 8. und 3. Jahrhundert v. Chr. hatten, sind bekannt für ihre Kunst, Architektur und ihr starkes religiöses und gesellschaftliches System. Ihre Städte wie Veji und Tarquinia waren bedeutende kulturelle Zentren, und sie entwickelten ein

Schriftsystem sowie beeindruckende Ingenieurskunst, die später von den Römern übernommen wurde.

Im Vergleich zu Atlantis zeigen die Etrusker eine entwickelte städtische Kultur mit einem starken religiösen und sozialen Gefüge. Platons Atlantis, mit seinen prächtigen Tempeln und strukturierten gesellschaftlichen Klassen, könnte durch die etruskischen Städte und ihre gut organisierten Gemeinschaften beeinflusst worden sein. Jedoch ist die Art und Weise, wie Atlantis als ein idealisiertes, aber letztlich untergegangenes Reich beschrieben wird, einzigartig in der antiken Literatur.

Fazit:

Die Untersuchung der verschiedenen antiken Zivilisationen des Mittelmeerraums zeigt, dass Platons Atlantis in vielerlei Hinsicht eine Synthese der herausragenden Merkmale dieser Kulturen darstellt. Jede dieser Zivilisationen trug durch ihre eigenen Errungenschaften und Tragödien zur reichen historischen und mythologischen Landschaft bei, aus der Platon schöpfte, um seine visionäre Erzählung zu kreieren.

Atlantis bleibt ein faszinierendes Konstrukt, das sowohl von realen historischen Bezügen als auch von Platons philosophischer und kreativer Genialität geprägt ist. Die Parallelen und Unterschiede zwischen Atlantis und den historischen Zivilisationen des Mittelmeerraums bieten wertvolle Einblicke in die Art und Weise, wie Mythen entstehen und wie sie genutzt werden können, um tiefere Wahrheiten über die menschliche Natur und Gesellschaft zu vermitteln. Platons Atlantis ist nicht nur eine Erzählung über eine verlorene Zivilisation, sondern auch eine Reflexion über die Werte und Gefahren, die jede fortschrittliche Gesellschaft umgeben.

Archäologische Suchen nach Atlantis

Historische und moderne Expeditionen - Wichtige Funde und Erkenntnisse

Die Faszination für Atlantis hat im Laufe der Jahrhunderte zahlreiche Entdecker, Forscher und Abenteurer inspiriert, sich auf die Suche nach dieser legendären Stadt zu begeben. Die Geschichte der archäologischen Expeditionen zur Entdeckung von Atlantis ist ebenso reich und vielfältig wie die Mythen selbst. Von den ersten historischen Bemühungen bis zu den modernen, technologisch gestützten Suchmethoden hat die Idee von Atlantis die Fantasie und den Entdeckungsdrang der Menschen immer wieder neu entfacht.

Frühe Bemühungen und Spekulationen

Die Suche nach Atlantis begann bereits in der Antike, kurz nach Platons Tod. Philosophen und Historiker wie Strabon und Plutarch diskutierten die Möglichkeit der Existenz von Atlantis und vermuteten, dass es irgendwo im Atlantischen Ozean gelegen haben könnte. Diese frühen Spekulationen wurden jedoch nie durch archäologische Beweise untermauert.

Im Mittelalter verlor sich das Interesse an Atlantis weitgehend, doch in der Renaissance, mit dem Wiederaufleben klassischer Studien, kam auch die Faszination für Platons Erzählung zurück. Europäische Gelehrte begannen erneut, über die Lage von Atlantis nachzudenken, oft inspiriert durch die Entdeckungen neuer Welten und die wachsenden geografischen Kenntnisse.

Die Suche im 19. Jahrhundert

Im 19. Jahrhundert nahm die Suche nach Atlantis eine neue Dimension an. Mit den Fortschritten in der Archäologie und der Wissenschaft begannen Forscher, systematische Expeditionen zu planen. Ein bemerkenswerter Versuch war der von Ignatius Donnelly, einem US-amerikanischen Politiker und Schriftsteller, der 1882 das Buch ›Atlantis: The Antediluvian World‹ veröffentlichte. Darin argumentierte Donnelly, dass Atlantis eine real existierende Hochkultur war, die durch eine Naturkatastrophe zerstört wurde. Er verband die Atlantis-Geschichte mit den fortgeschrittenen Zivilisationen des alten Ägypten und der Neuen Welt, insbesondere der Maya- und Azteken-Kulturen.

Donnellys Werk inspirierte viele weitere Suchen und Theorien. Im späten 19. und frühen 20. Jahrhundert unternahmen Forscher zahlreiche Expeditionen in den Atlantik, die Karibik und sogar den Pazifik, in der Hoffnung, Überreste von Atlantis zu finden. Keiner dieser Versuche war jedoch von Erfolg gekrönt, und Atlantis blieb weiterhin im Bereich der Spekulation und der Legende.

Moderne Expeditionen und technologischer Fortschritt

Mit dem Aufkommen moderner Technologie hat die Suche nach Atlantis eine neue Ära betreten. Unterwassersonar, Satellitenbilder und moderne Tauchtechniken haben es den Forschern ermöglicht, Gebiete zu erkunden, die zuvor unerreichbar waren.

Eine der bekanntesten modernen Expeditionen ist die von Dr. Robert Sarmast, der 2004 behauptete, Überreste von Atlantis vor der Küste Zyperns entdeckt zu haben. Sarmast und sein Team nutzten Sonartechnologie, um eine Reihe von Strukturen auf dem Meeresboden zu kartieren, die sie für die Überreste von Gebäuden und Straßen hielten. Obwohl diese Entdeckung weltweit Schlagzeilen machte, blieben viele Wissenschaftler skeptisch und betonten, dass weitere Beweise notwendig seien, um diese Theorie zu bestätigen.

In den letzten Jahren haben einige Forscher die Theorie aufgestellt, dass Atlantis im Mittelmeer gelegen haben könnte. Der spanische Geologe Dr. Richard Freund führte Expeditionen in die Region von Andalusien, insbesondere in das Gebiet des Nationalparks Doñana. Freunds Team entdeckte ungewöhnliche geologische Formationen und unterirdische Strukturen, die sie als potenzielle Überreste von Atlantis identifizierten. Trotz dieser aufregenden Funde bleibt auch diese Theorie umstritten und bedarf weiterer Untersuchungen.

Wichtige Funde und Erkenntnisse

Obwohl keine der bisherigen Expeditionen definitive Beweise für die Existenz von Atlantis geliefert hat, haben sie dennoch wertvolle Erkenntnisse über die Geologie und Archäologie der Ozeane und Küstenregionen geliefert. Viele der Entdeckungen, die im Rahmen der Atlantis-Suche gemacht wurden, haben unser Verständnis von antiken Zivilisationen und ihren möglichen Handelsrouten erweitert.

Ein besonders interessanter Fund war die Entdeckung der Ruinen von Akrotiri auf der griechischen Insel Santorin in den 1960er Jahren. Diese minoische Stadt wurde durch einen Vulkanausbruch um 1600 v. Chr. zerstört und unter einer Schicht aus Vulkanasche begraben, was sie bemerkenswert gut konserviert hat. Die Ruinen von Akrotiri zeigen eine hochentwickelte Zivilisation mit fortschrittlicher Architektur und Kunst. Viele Forscher vermuten, dass die Zerstörung von Akrotiri eine historische Grundlage für Platons Atlantis-Erzählung gewesen sein könnte.

Fazit:

Die Suche nach Atlantis ist ein faszinierendes Kapitel der menschlichen Geschichte, das zeigt, wie tief die Faszination für Mythen und verlorene Zivilisationen in unserer Kultur verwurzelt ist. Trotz der Tatsache, dass Atlantis bisher nicht gefunden wurde, haben die zahlreichen Expeditionen und Forschungen dazu beigetragen, unser Wissen über antike Zivilisationen und die Geologie unserer Erde zu erweitern.

Atlantis bleibt ein Symbol für die unendliche Neugier und den Entdeckungsdrang der Menschheit. Die Geschichte von Atlantis regt weiterhin die Fantasie an und inspiriert sowohl Wissenschaftler als auch Abenteurer, die Geheimnisse der Vergangenheit zu erforschen und die Grenzen unseres Wissens zu erweitern. Während die tatsächliche Existenz von Atlantis vielleicht immer ein Rätsel bleiben wird, ist die Suche danach ein Beweis für den menschlichen Geist, der niemals aufhört zu fragen, zu träumen und zu entdecken.

Teil III: Philosophische und allegorische Interpretationen

Atlantis als Idealstaat

Platons Konzept des idealen Staates - Vergleich mit ›Der Staat‹ und ›Die Gesetze‹

Die Erzählung von Atlantis ist mehr als nur eine faszinierende Geschichte über eine versunkene Zivilisation; sie ist auch ein tiefgreifender Einblick in Platons Vorstellungen eines idealen Staates. Durch Atlantis konnte Platon seine philosophischen Überlegungen zur Politik, Ethik und Gesellschaft auf einzigartige Weise veranschaulichen und weiterentwickeln. Um das volle Ausmaß dieser Idee zu verstehen, ist es hilfreich, Atlantis mit seinen anderen bedeutenden Werken ›Der Staat‹ (Politeia) und ›Die Gesetze‹ (Nomoi) zu vergleichen.

Atlantis in Platons Werk

In den Dialogen ›Timaios‹ und ›Kritias‹ beschreibt Platon Atlantis als ein utopisches Inselreich, das vor 9.000 Jahren existierte. Diese Zivilisation war in jeder Hinsicht perfekt organisiert und technisch weit fortgeschritten. Atlantis besaß eine wohlgeordnete, gerechte Gesellschaft, die sich durch Weisheit,

Wohlstand und moralische Integrität auszeichnete. Doch trotz all ihrer Errungenschaften wurde Atlantis aufgrund von moralischem Verfall und Hybris dem Untergang geweiht.

Diese Darstellung von Atlantis diente Platon als eine Art Spiegel, durch den er die eigenen Mängel seiner Gesellschaft reflektierte und gleichzeitig seine Vorstellung eines idealen Staates illustrieren konnte. Atlantis war sowohl ein Ideal als auch eine Warnung vor den Gefahren des moralischen Verfalls und der Korruption.

Vergleich mit ›Der Staat‹

Platons ›Der Staat‹ ist sein wohl bekanntestes Werk, in dem er seine Theorie des idealen Staates ausführlich darlegt. Hier entwickelt er das Konzept einer gerechten Gesellschaft, die auf der Herrschaft der Philosophenkönige basiert. In ›Der Staat‹ stellt Platon eine dreiteilige Gesellschaftsstruktur vor, bestehend aus den Herrschenden (Philosophenkönigen), den Wächtern (Kriegern) und den Produzenten (Bauern, Handwerkern und Kaufleuten). Jeder dieser Klassen wird eine spezifische Tugend zugeordnet: Weisheit für die Herrscher, Tapferkeit für die Wächter und Mäßigung für die Produzenten.

Atlantis spiegelt viele dieser Elemente wider. Auch hier gibt es eine klare gesellschaftliche Hierarchie und eine starke Betonung auf Weisheit und Gerechtigkeit. Die Herrscher von Atlantis, die Nachkommen des Gottes Poseidon, sind mit außergewöhnlichen Tugenden ausgestattet und dienen als moralische Vorbilder für das Volk. Diese Parallelen zeigen, dass Platon

Atlantis als eine Erweiterung und Illustration seiner Ideen aus ›Der Staat‹ betrachtete.

Vergleich mit ›Die Gesetze‹

In ›Die Gesetze‹, Platons letztem und umfassendstem Dialog, geht er noch detaillierter auf die Organisation eines idealen Staates ein. Im Gegensatz zu ›Der Staat‹, wo die Philosophenkönige eine zentrale Rolle spielen, ist ›Die Gesetze‹ pragmatischer und realistischer. Platon erkennt hier die Notwendigkeit von Gesetzen und Institutionen an, um eine gerechte Gesellschaft zu schaffen. Er legt großen Wert auf Erziehung, religiöse Rituale und die Rolle der Gemeinschaft.

Atlantis teilt diese Betonung auf Gesetze und Institutionen. Die Gesetze von Atlantis sind streng und detailliert, und die gesamte Gesellschaft ist darauf ausgerichtet, die Tugenden und Werte zu bewahren, die sie groß gemacht haben. Die Insel wird durch ein komplexes System von Kanälen, Brücken und Gebäuden organisiert, was auf eine hoch entwickelte und ordnungsliebende Kultur hinweist. Auch hier lässt sich eine klare Verbindung zu Platons Vorstellungen in ›Die Gesetze‹ erkennen.

Atlantis als Warnung und Inspiration

Während Atlantis als ein Idealstaat konzipiert ist, dient die Geschichte auch als Warnung vor den Gefahren von Hybris und moralischem Verfall. Platon zeigt, dass selbst die perfekteste Gesellschaft untergehen kann, wenn sie ihre Tugenden und

Prinzipien verrät. Die Zerstörung von Atlantis durch eine göttliche Strafe ist ein starkes Symbol für die Notwendigkeit von moralischer Integrität und Weisheit in der Führung eines Staates.

Diese doppelte Funktion von Atlantis – als Ideal und als Warnung – macht die Erzählung besonders kraftvoll und zeitlos. Sie bietet nicht nur eine Vision von einer besseren Gesellschaft, sondern auch eine Mahnung, die Werte und Prinzipien, die diese Gesellschaft groß machen, stets zu bewahren.

Fazit:

Atlantis ist weit mehr als nur ein Mythos oder eine legendenhafte Erzählung. Es ist ein philosophisches Werkzeug, das Platon nutzte, um seine tiefsten Überzeugungen und Ideen über den idealen Staat und die perfekte Gesellschaft zu vermitteln. Durch den Vergleich mit seinen Werken ›Der Staat‹ und ›Die Gesetze‹ wird deutlich, dass Atlantis eine Synthese seiner politischen Philosophie darstellt. Es bietet eine faszinierende und lehrreiche Perspektive auf die menschliche Natur, die Organisation der Gesellschaft und die ewigen Herausforderungen von Macht und Moral.

Moralische und politische Botschaften

Hybris und moralischer Verfall in der Atlantis-Erzählung

Die Geschichte von Atlantis ist mehr als nur eine faszinierende Erzählung über eine verlorene Zivilisation; sie ist durchdrungen von moralischen und politischen Botschaften, die über die Jahrtausende hinweg relevant geblieben sind. Platon nutzte die Geschichte von Atlantis, um zentrale Themen seiner Philosophie zu vermitteln, insbesondere die Gefahren von Hybris und moralischem Verfall.

In Platons Erzählung war Atlantis ursprünglich eine paradiesische Insel, gesegnet mit Wohlstand, Weisheit und Gerechtigkeit. Die Bewohner von Atlantis lebten im Einklang mit den göttlichen Prinzipien und führten ein tugendhaftes Leben. Doch im Laufe der Zeit begannen sie, ihre moralischen Werte zu vernachlässigen. Angetrieben von Gier und Machtstreben, verfielen die Atlanter der Hybris – der Überheblichkeit und Selbstüberschätzung.

Dieser moralische Verfall führte letztlich zur Zerstörung von Atlantis. Platon beschreibt, wie die Götter, erzürnt über die Arroganz und den moralischen Niedergang der Atlanter, die Insel durch eine gewaltige Naturkatastrophe vernichteten. Diese Geschichte dient als eindringliche Warnung: Selbst die mächtigsten und fortschrittlichsten Zivilisationen sind nicht immun gegen den Untergang, wenn sie ihre ethischen Grundlagen verraten.

Die Hybris der Atlanter steht im direkten Gegensatz zu den Idealen, die Platon in seinen philosophischen Werken propagiert. Für Platon war die wahre Stärke eines Staates nicht seine militärische Macht oder sein materieller Reichtum, sondern seine moralische Integrität und Weisheit. Atlantis, einst ein Symbol für diese Tugenden, wurde zum abschreckenden Beispiel für die Folgen ihres Verlustes.

Politische Kritik an Athen und den zeitgenössischen Verhältnissen

Neben der moralischen Botschaft enthält die Atlantis-Erzählung auch eine scharfe politische Kritik an Athen und den zeitgenössischen Verhältnissen im antiken Griechenland. Platon lebte in einer Zeit des politischen Umbruchs und der ständigen Kriege. Athen, einst eine blühende Demokratie und kulturelle Hochburg, war zunehmend von Korruption, politischer Instabilität und Machtkämpfen geprägt.

Platon sah die politischen Entwicklungen in Athen mit großer Sorge. In seiner Atlantis-Erzählung spiegelt er diese Sorgen wider, indem er die moralischen und politischen Schwächen der Atlanter als eine Parallele zu den Problemen seiner eigenen Zeit darstellt. Durch die Schilderung des Untergangs von Atlantis wollte Platon die Athener auf die Gefahren hinweisen, die auch ihrer Stadt drohten, wenn sie ihren moralischen Kompass verloren.

Die Atlanter, die einst in Harmonie und Gerechtigkeit lebten, aber letztlich durch ihre Gier und Machtstreben zerstört wurden, verkörpern die gleichen Fehler, die Platon in Athen sah. Er warnte vor den Folgen von politischer Korruption und moralischem Verfall und appellierte an seine Mitbürger, zu den Werten der Tugend und Gerechtigkeit zurückzukehren.

Platon nutzte Atlantis auch, um seine Vision eines idealen Staates zu kontrastieren. Während Atlantis dem moralischen Verfall erlag, bot er in seinen Dialogen, insbesondere in ›Der Staat‹ und ›Die Gesetze‹, Modelle für eine gerechte und wohlgeordnete Gesellschaft. Diese Werke zeigen, dass Platon glaubte, dass die Probleme seiner Zeit durch eine Rückbesinnung auf philosophische Prinzipien und ethische Regierungsführung überwunden werden könnten.

Fazit:

Die Geschichte von Atlantis ist reich an moralischen und politischen Botschaften. Platon nutzte die Erzählung, um die Gefahren von Hybris und moralischem Verfall zu illustrieren und gleichzeitig eine scharfe Kritik an den politischen Verhältnissen seiner Zeit zu üben. Durch Atlantis konnte er die ethischen und politischen Prinzipien, die er für unerlässlich hielt, eindrucksvoll und nachhaltig vermitteln.

Atlantis dient somit nicht nur als faszinierende Erzählung über eine verlorene Zivilisation, sondern auch als zeitlose Mahnung, dass die wahre Stärke eines Staates in seiner moralischen Integrität liegt. Platons Warnungen vor den Folgen des moralischen Verfalls und seine Appelle zur Rückbesinnung auf Tugend und Gerechtigkeit sind heute genauso relevant wie zu seiner Zeit. Die Erzählung von Atlantis bleibt ein kraftvolles und lehrreiches Beispiel für die ewigen Herausforderungen, denen sich jede Gesellschaft stellen muss.

Allegorische Deutungen

Atlantis als Allegorie für philosophische und moralische Konzepte

Die Erzählung von Atlantis, wie sie in Platons Dialogen ›Timaios‹ und ›Kritias‹ präsentiert wird, ist nicht nur eine Geschichte über eine versunkene Zivilisation, sondern eine tiefgründige Allegorie, die eine Vielzahl philosophischer und moralischer Konzepte veranschaulicht. Platon, bekannt für seine Fähigkeit, komplexe Ideen durch Mythen und Allegorien zu vermitteln, nutzte die Geschichte von Atlantis, um grundlegende Prinzipien seiner Philosophie zu illustrieren.

Im Kern dient Atlantis als Allegorie für die Dualität von Tugend und Laster, Weisheit und Ignoranz, sowie Ordnung und Chaos. Die ursprüngliche Tugendhaftigkeit und der Wohlstand von Atlantis symbolisieren eine ideale Gesellschaft, in der Harmonie und Gerechtigkeit herrschen. Die Atlanter lebten nach göttlichen Prinzipien und waren in ihrem Handeln von Weisheit und Bescheidenheit geleitet. Diese positive Darstellung steht im scharfen Kontrast zum späteren moralischen Verfall, der durch Gier, Machtstreben und Hybris ausgelöst wurde.

Platon nutzt die Geschichte von Atlantis, um die zerstörerischen Folgen der Hybris zu verdeutlichen. Die Atlanter, einst weise und gerecht, wurden durch ihre Überheblichkeit und den Missbrauch ihrer Macht zu ihrem eigenen Untergang geführt. Diese allegorische Darstellung zeigt die Gefahr, die in der Missachtung von Tugend und Weisheit liegt, und dient als Mahnung für jede Gesellschaft, die sich auf den Pfad der moralischen Dekadenz begibt.

Vergleich mit anderen platonischen Mythen und Allegorien

Um die allegorische Bedeutung von Atlantis vollständig zu verstehen, ist es hilfreich, sie im Kontext anderer platonischer Mythen und Allegorien zu betrachten. Platon war ein Meister der didaktischen Erzählung und nutzte häufig Mythen, um philosophische Wahrheiten zu vermitteln. Zwei der bekanntesten Beispiele sind der Höhlengleichnis aus dem Dialog ›Der Staat‹ und der Mythos von Er, ebenfalls aus ›Der Staat‹.

Im Höhlengleichnis beschreibt Platon eine Gruppe von Menschen, die in einer Höhle leben und nur Schatten an den Wänden sehen können. Diese Schatten stellen ihre gesamte Wahrnehmung der Realität dar. Ein Gefangener entkommt schließlich der Höhle und entdeckt die wahre Welt, die weit jenseits der Schatten existiert. Dieses Gleichnis veranschaulicht Platons Theorie der Erkenntnis und die Notwendigkeit, über die sinnliche Wahrnehmung hinaus zur wahren Erkenntnis der Ideenwelt vorzudringen.

Der Mythos von Er erzählt die Geschichte eines Mannes, der nach seinem Tod wieder zum Leben erwacht und von den Wundern und Schrecken berichtet, die er im Jenseits gesehen hat. Dieser Mythos dient als Allegorie für die Unsterblichkeit der Seele und die moralischen Konsequenzen unseres Handelns im Leben. Er unterstreicht die Bedeutung von Gerechtigkeit und Tugend als Prinzipien, die das Schicksal der Seele nach dem Tod bestimmen.

Verglichen mit diesen Mythen, bietet die Erzählung von Atlantis eine komplexe und vielschichtige Allegorie, die sich sowohl auf die politische als auch auf die moralische Ebene erstreckt. Während das Höhlengleichnis und der Mythos von Er in erster Linie individuelle Erkenntnis und die moralische Entwicklung des Einzelnen thematisieren, adressiert Atlantis die kollektive Verantwortung einer Gesellschaft und die Notwendigkeit von Tugend und Gerechtigkeit auf institutioneller Ebene.

Atlantis kann auch als eine Art kosmische Allegorie gesehen werden, die die zyklische Natur von Zivilisationen darstellt. Wie in der Natur, wo Ordnung und Chaos in einem ständigen Wechselspiel stehen, zeigt die Geschichte von Atlantis den Aufstieg und Fall von Zivilisationen als natürlichen Prozess. Diese Sichtweise betont die Notwendigkeit, ständig wachsam zu bleiben und die Prinzipien der Gerechtigkeit und Weisheit zu bewahren, um den Kreislauf des Verfalls zu durchbrechen.

Fazit:

Die Geschichte von Atlantis ist weit mehr als ein bloßer Mythos oder eine historische Anekdote. Sie ist eine reichhaltige und vielschichtige Allegorie, die tief in Platons philosophische Lehren eingebettet ist. Durch die Erzählung von Atlantis konnte Platon grundlegende moralische und politische Konzepte veranschaulichen und zeitlose Wahrheiten über die Natur von Macht, Tugend und Zivilisation vermitteln.

Verglichen mit anderen platonischen Mythen und Allegorien, zeigt Atlantis eine besondere Komplexität und Relevanz, die sowohl individuelle als auch kollektive Dimensionen der menschlichen Erfahrung anspricht. Es bleibt eine kraftvolle und lehrreiche Erzählung, die uns dazu einlädt, über die grundlegenden Prinzipien nachzudenken, die unsere Gesellschaften formen, und die Gefahren zu erkennen, die in der Missachtung dieser Prinzipien liegen. Die Allegorie von Atlantis ist somit ein wertvolles Instrument, um die tiefen philosophischen Einsichten Platons in eine greifbare und einprägsame Form zu bringen.

Teil IV: Kulturelle und literarische Einflüsse

Ägyptische Mythen und Legenden

Ägyptische Erzählungen und ihre mögliche Verbindung zu Atlantis

Die Verbindung zwischen der sagenhaften Geschichte von Atlantis und ägyptischen Mythen und Legenden ist ein faszinierendes Thema, das viele Forscher und Historiker über Jahrhunderte hinweg beschäftigt hat. In Platons Dialogen, insbesondere im ›Timaios‹, wird behauptet, dass die Geschichte von Atlantis ursprünglich von ägyptischen Priestern überliefert und von Solon, dem athenischen Staatsmann und Gesetzgeber, nach Griechenland gebracht wurde. Diese Behauptung legt nahe, dass es eine tiefe historische und kulturelle Verbindung zwischen den beiden antiken Zivilisationen gab.

Ägypten, mit seiner reichen und alten Kultur, ist ein Schmelztiegel von Mythen und Legenden, die in vielen Fällen Jahrtausende überdauert haben. Eine der zentralen Erzählungen der ägyptischen Mythologie ist die Geschichte von Osiris und Isis, die von Tod und Wiedergeburt handelt. Osiris, der Gott der Unterwelt und der Wiedergeburt, wurde von seinem Bruder

Seth ermordet und zerstückelt, nur um von seiner Schwester und Gemahlin Isis wiederbelebt zu werden. Diese Erzählung symbolisiert den Zyklus des Lebens, des Todes und der Wiedergeburt, ein Motiv, das in vielen Kulturen weltweit zu finden ist.

Die Idee eines untergegangenen Landes oder einer verlorenen Zivilisation ist ebenfalls ein wiederkehrendes Thema in der ägyptischen Mythologie. Eine solche Erzählung ist die von der Insel der Flammen, die im Zusammenhang mit dem Gott Ra steht. Diese mythische Insel wurde als ein Ort der Prüfung und Reinigung beschrieben, der in den Tiefen der Zeit verloren ging. Auch wenn die Details unterschiedlich sind, gibt es thematische Parallelen zur Geschichte von Atlantis, insbesondere die Vorstellung einer reichen und mächtigen Zivilisation, die durch eine katastrophale Flut oder ein anderes Naturereignis zerstört wurde.

Kultureller Austausch zwischen Griechenland und Ägypten

Der kulturelle Austausch zwischen Griechenland und Ägypten während der Antike war bedeutend und vielseitig. Bereits im 7. Jahrhundert v. Chr. begannen griechische Siedler, sich in Ägypten niederzulassen, besonders in der Stadt Naukratis, die als ein Zentrum des Handels und der kulturellen Begegnung zwischen beiden Zivilisationen diente. Die Griechen waren von der alten ägyptischen Kultur fasziniert und übernahmen viele Aspekte ihrer Kunst, Architektur, Religion und Philosophie.

Ein prominentes Beispiel für diesen kulturellen Austausch ist die Übernahme ägyptischer religiöser Praktiken und Symbole durch die Griechen. Die Göttin Isis, ursprünglich eine ägyptische Gottheit, wurde in der griechischen Welt weithin verehrt und ihre Kultstätten fanden sich in vielen Teilen des griechischen Reiches. Diese synkretistische Vermischung von Göttern und religiösen Vorstellungen trug zur kulturellen Bereicherung beider Zivilisationen bei.

Die Ägypter ihrerseits nahmen auch Elemente der griechischen Kultur auf. Dies wird besonders deutlich in der Periode der Ptolemäer, einer griechisch-makedonischen Dynastie, die nach dem Tod Alexanders des Großen über Ägypten herrschte. Die Ptolemäer kombinierten griechische und ägyptische Traditionen und schufen eine einzigartige Mischkultur, die in der Stadt Alexandria ihren Höhepunkt fand. Alexandria wurde zu einem Zentrum des Wissens und der Wissenschaft, wo Gelehrte aus verschiedenen Teilen der Welt zusammenkamen, um Ideen auszutauschen und neue Erkenntnisse zu gewinnen.

Fazit:

Die möglichen Verbindungen zwischen ägyptischen Mythen und der Erzählung von Atlantis, wie sie von Platon dargestellt wird, eröffnen ein faszinierendes Feld für spekulative und interdisziplinäre Forschung. Obwohl es keine direkten Beweise gibt, dass die Geschichte von Atlantis auf einer spezifischen ägyptischen Legende basiert, ist der kulturelle Austausch zwischen Griechenland und Ägypten unbestreitbar und tiefgreifend. Platon könnte sich durch die ägyptischen Erzählungen und den Kontakt mit ägyptischen Priestern inspirieren lassen haben, als er die Geschichte von Atlantis formulierte.

Diese Verbindungen unterstreichen die Komplexität und Tiefe antiker Mythen und wie sie über die Grenzen von Kulturen und Epochen hinweg interagieren und sich gegenseitig beeinflussen können. Atlantis bleibt eine der faszinierendsten und rätselhaftesten Erzählungen der antiken Welt, deren Wurzeln und Einflüsse sich vielleicht nie vollständig enträtseln lassen, aber die weiterhin unseren Geist und unsere Vorstellungskraft beflügeln.

Griechische Mythologie

Analyse von griechischen Mythen, die Atlantis beeinflusst haben könnten

Platons Erzählung von Atlantis ist in vielerlei Hinsicht einzigartig, doch ihre Wurzeln lassen sich tief in der griechischen Mythologie verorten. Die griechischen Mythen, reich an Göttern, Helden und fantastischen Ereignissen, bieten eine Fülle von Motiven und Geschichten, die Platon möglicherweise inspiriert haben könnten. Die Verbindung von Mensch und Natur, der Glaube an göttliche Interventionen und die Darstellung idealisierter Gesellschaften sind zentrale Elemente, die sich sowohl in der Atlantis-Erzählung als auch in der griechischen Mythologie wiederfinden.

Ein bedeutender Mythos, der möglicherweise Einfluss auf Platon hatte, ist die Geschichte von der Insel der Seligen oder den Elysischen Feldern. Diese Insel war ein paradiesischer Ort, an den die Götter die Seelen der tugendhaftesten Menschen nach ihrem Tod brachten. Ähnlich wie Atlantis wird diese Insel als ein Ort des Überflusses, des Friedens und der göttlichen Gunst beschrieben. Platon könnte dieses Ideal eines perfekten Landes genutzt haben, um Atlantis als eine hochentwickelte und gerechte Gesellschaft darzustellen.

Ein weiterer Mythos, der in Betracht gezogen werden muss, ist die Geschichte von der Sintflut. In der griechischen Version wird erzählt, dass Zeus, der höchste Gott, beschloss, die Menschheit wegen ihrer Sünden durch eine große Flut zu bestrafen. Deukalion und Pyrrha, ein tugendhaftes Paar, überlebten diese Katastrophe, indem sie auf einem Boot Zuflucht fanden. Diese Erzählung von göttlicher Strafe und der Erneuerung der Menschheit nach einer katastrophalen Flut hat Parallelen zu Platons Beschreibung des Untergangs von Atlantis, das aufgrund moralischen Verfalls von den Göttern zerstört wurde.

Die Sage von Troja bietet ebenfalls interessante Vergleichspunkte. Troja war eine mächtige Stadt, die nach einem langen und mythisch aufgeladenen Krieg zerstört wurde. Der Fall Trojas, wie von Homer in der ›Ilias‹ und der ›Odyssee‹ beschrieben, ist eine Geschichte von Hybris, göttlichem Eingreifen und dem endgültigen Untergang einer großen Zivilisation. Platon könnte von diesem Epos inspiriert worden sein, als er Atlantis als eine mächtige und prächtige Stadt darstellte, die durch ihre eigene Arroganz und moralische Dekadenz zu Fall gebracht wurde.

Vergleich mit anderen mythologischen Erzählungen

Platons Atlantis ist nicht nur ein Echo der griechischen Mythen, sondern steht auch in Beziehung zu anderen mythologischen Erzählungen der antiken Welt. Ein Vergleich mit diesen Geschichten zeigt die universellen Themen und Motive, die Kulturen übergreifend in Mythen und Legenden auftauchen.

In der ägyptischen Mythologie gibt es die Erzählung von der Insel der Flammen, die als ein Ort der Reinigung und Prüfung beschrieben wird. Diese Geschichte könnte Platon inspiriert haben, Atlantis als einen Ort zu gestalten, der sowohl prachtvoll als auch verwundbar ist. Die Idee eines versunkenen Landes findet sich auch in den Legenden von Mu und Lemuria, die in verschiedenen Kulturen des Fernen Ostens auftauchen. Diese Geschichten von verlorenen Kontinenten, die durch Naturkatastrophen zerstört wurden, spiegeln die kollektive menschliche Faszination für vergessene Zivilisationen wider.

In der nordischen Mythologie gibt es die Erzählung von Asgard, dem Reich der Götter, das von der Midgardschlange und den Riesen bedroht wird. Diese Geschichten von göttlichen Reichen, die von äußeren Kräften zerstört werden, erinnern an die Atlantis-Erzählung, in der die göttliche Strafe eine zentrale Rolle spielt. Auch die keltischen Mythen von Avalon, einer Insel des ewigen Lebens und der Heilung, weisen Parallelen zu Atlantis auf. Avalon wird als ein Ort der Weisheit und Magie beschrieben, ähnlich wie Atlantis als ein Zentrum der alten Weisheit und Macht.

Der Vergleich dieser verschiedenen Mythen zeigt, dass Platons Atlantis Teil eines größeren mythologischen Kontextes ist, der universelle menschliche Themen wie Hybris, göttliche Strafe, moralischen Verfall und die Sehnsucht nach einer idealen Gesellschaft behandelt. Atlantis ist daher nicht nur eine einzigartige Erfindung Platons, sondern auch ein Spiegelbild der gemeinsamen kulturellen und psychologischen Bedürfnisse und Ängste der Menschheit.

Diese Verbindung von Atlantis mit anderen mythologischen Erzählungen hilft uns, die tieferen Bedeutungen und Botschaften zu verstehen, die Platon in seine Geschichte eingebettet hat. Es zeigt auch, wie Mythen und Legenden als kulturelle Werkzeuge dienen, um komplexe philosophische und moralische Konzepte zu vermitteln. Atlantis, als eine der bekanntesten und faszinierendsten Geschichten der Antike, bleibt ein kraftvolles Symbol für die ewige Suche der Menschheit nach Wissen, Weisheit und einer besseren Welt.

Atlantis in der antiken Literatur

Erwähnungen und Interpretationen in der antiken Literatur

Platons Erzählung von Atlantis, eingebettet in die Dialoge ›Timaios‹ und ›Kritias‹, hat seit ihrer Entstehung eine bemerkenswerte Faszination ausgeübt. Doch wie wurde diese Geschichte in der antiken Literatur rezipiert? Welche Spuren hat sie hinterlassen, und wie haben andere Schriftsteller und Philosophen auf Platons Werk reagiert?

Nach Platon fanden sich nur wenige direkte Erwähnungen von Atlantis in der antiken Literatur. Ein Grund dafür könnte sein, dass viele Gelehrte und Philosophen Platons Erzählung als rein allegorisch betrachteten und sie nicht als historische Tatsache ansahen. Dennoch gibt es einige bemerkenswerte Erwähnungen und Interpretationen, die einen Einblick in die antike Rezeption der Atlantis-Erzählung bieten.

Einer der frühesten bekannten Autoren, der sich auf Atlantis bezog, war der Historiker und Philosoph Strabon. In seiner ›Geographika‹, einer umfassenden Beschreibung der bekannten Welt, erwähnt Strabon Atlantis kurz und zeigt sich skeptisch gegenüber der historischen Authentizität der Geschichte. Er betont, dass Platons Atlantis vermutlich eine Erfindung war, um philosophische Ideen zu illustrieren. Strabon nahm an, dass

Platon die Geschichte von Atlantis als literarisches Mittel nutzte, um politische und moralische Botschaften zu vermitteln.

Ein weiterer bedeutender Autor, der Atlantis erwähnte, war der römische Gelehrte Plinius der Ältere. In seiner ›Naturalis Historia‹, einem enzyklopädischen Werk über die Natur und die Wissenschaften, erwähnt Plinius Atlantis und deutet an, dass es sich um eine verlorene Insel im Atlantischen Ozean handeln könnte. Seine Erwähnung zeigt, dass die Atlantis-Geschichte in der römischen Welt bekannt war und zumindest von einigen Gelehrten als potenziell real betrachtet wurde.

Auch der griechische Philosoph Proklos, ein Kommentator Platons, befasste sich mit Atlantis. In seinem Kommentar zu ›Timaios‹ verteidigte Proklos die historische Glaubwürdigkeit von Platons Bericht. Er behauptete, dass die Priester in Sais, die Solon die Geschichte erzählt hatten, tatsächlich über alte Aufzeichnungen verfügten, die die Existenz von Atlantis bestätigten. Proklos' Interpretation zeigt, dass es in der spätantiken Welt unterschiedliche Meinungen über die historische Realität von Atlantis gab.

Rezeption in der griechischen und römischen Welt

Die Rezeption der Atlantis-Erzählung in der antiken Welt war vielfältig und spiegelt die unterschiedlichen philosophischen und literarischen Strömungen wider. In der griechischen Welt blieb die Geschichte von Atlantis vor allem eine philosophische Allegorie. Die meisten griechischen Denker und Schriftsteller sahen in Platons Erzählung einen Versuch, tiefergehende philosophische Wahrheiten zu vermitteln, anstatt einen historischen Bericht zu liefern.

Im Gegensatz dazu fand die Geschichte von Atlantis in der römischen Welt eine breitere Rezeption. Römische Autoren waren oft pragmatischer und weniger philosophisch orientiert als ihre griechischen Vorgänger. Dies führte dazu, dass einige römische Gelehrte die Atlantis-Erzählung als möglichen historischen Bericht betrachteten, auch wenn sie skeptisch blieben. Die Geschichte wurde gelegentlich in geographischen und naturhistorischen Werken erwähnt, was zeigt, dass sie einen gewissen Einfluss auf das römische Verständnis der Welt hatte.

Im Allgemeinen blieb die Geschichte von Atlantis in der antiken Literatur ein faszinierendes Rätsel. Während einige sie als philosophische Fiktion betrachteten, sahen andere darin eine verschlüsselte Botschaft über vergangene Zivilisationen oder einen verlorenen Kontinent. Diese Ambivalenz führte dazu, dass Atlantis über die Jahrhunderte hinweg ein Thema blieb, das immer wieder aufgegriffen und interpretiert wurde.

Platons Erzählung von Atlantis hat die Vorstellungskraft vieler Generationen angeregt und bleibt ein faszinierendes Beispiel für die Macht der Mythologie und der Literatur. Sie zeigt, wie Geschichten und Mythen dazu beitragen können, tiefere philosophische und moralische Fragen zu erforschen. Gleichzeitig verdeutlicht sie die anhaltende Faszination der Menschheit für verlorene Welten und vergangene Zivilisationen, die irgendwo jenseits der bekannten Welt existiert haben könnten.

Die Rezeption der Atlantis-Erzählung in der antiken Literatur offenbart nicht nur die Vielfalt der Interpretationen, sondern auch die kulturelle und intellektuelle Dynamik der griechischen und römischen Welt. Sie bietet uns einen Einblick in die Art und Weise, wie antike Gesellschaften mit Mythen und Geschichten umgingen, und zeigt, dass die Suche nach Wissen und Verständnis eine konstante Triebkraft der menschlichen Kultur ist. So bleibt die Geschichte von Atlantis ein lebendiges Erbe, das auch heute noch zum Nachdenken und Träumen anregt.

Teil V: Atlantis im Wandel der Zeit

Atlantis im Mittelalter und der Renaissance

Veränderungen der Atlantis-Rezeption im Mittelalter

Im Mittelalter, einer Zeit, die oft als dunkel und rückständig bezeichnet wird, war das Wissen der antiken Welt größtenteils in den Klöstern und Bibliotheken der islamischen Welt bewahrt und weitergegeben worden. Die Geschichte von Atlantis, wie sie von Platon erzählt wurde, geriet jedoch weitgehend in Vergessenheit. Der Fokus der mittelalterlichen Gelehrsamkeit lag mehr auf religiösen und theologischen Schriften als auf den philosophischen und wissenschaftlichen Texten der Antike. Dennoch gab es einige Ausnahmen und interessante Entwicklungen, die die spätere Wiederentdeckung von Atlantis vorbereiteten.

Im frühen Mittelalter wurde das Werk Platons nur selten gelesen. Die philosophischen Schulen der Antike waren weitgehend verschwunden, und das intellektuelle Leben war stark von der christlichen Theologie dominiert. Dennoch überlebten einige Schriften Platons in den Klöstern und Bibliotheken, insbesondere in der arabischen Welt. Arabische Gelehrte spielten eine entscheidende Rolle bei der Bewahrung und Weitergabe antiken Wissens. Werke wie die von Platon wurden ins Arabische übersetzt und studiert, was die Grundlage für ihre spätere Wiederentdeckung in Europa legte.

Ein bedeutender Moment in der Überlieferungsgeschichte von Atlantis war die Renaissance des 12. Jahrhunderts, eine Periode intensiver intellektueller und kultureller Erneuerung in Europa. Gelehrte begannen, die Werke der Antike wiederzuentdecken und zu studieren. Insbesondere die Übersetzungen aus dem Arabischen ins Lateinische trugen dazu bei, dass Platons Werke wieder bekannt wurden. Zu diesen Werken gehörten auch die Dialoge ›Timaios‹ und ›Kritias‹, in denen die Geschichte von Atlantis erzählt wird.

Wiederentdeckung und Interpretationen in der Renaissance

Die eigentliche Wiederentdeckung von Atlantis fand jedoch erst in der Renaissance des 15. und 16. Jahrhunderts statt. Diese Epoche war geprägt von einem erneuten Interesse an den klassischen Texten und einer intensiven Beschäftigung mit den Schriften der Antike. Humanisten wie Marsilio Ficino und Giovanni Pico della Mirandola spielten eine zentrale Rolle bei der Wiederbelebung des platonischen Denkens in Europa. Ficino übersetzte Platons Werke ins Lateinische, was sie einem breiteren Publikum zugänglich machte und das Interesse an Atlantis neu entfachte.

In der Renaissance wurde Atlantis nicht nur als eine faszinierende Geschichte aus der Antike betrachtet, sondern auch als eine Quelle für philosophische und wissenschaftliche Spekulationen. Die Wiederentdeckung der antiken Texte führte zu neuen Interpretationen und Debatten über die Bedeutung und den Ursprung der Atlantis-Erzählung. Einige Gelehrte sahen in Atlantis ein Symbol für das verlorene Wissen der Antike, das nun wiederentdeckt und rekonstruiert werden musste.

Besonders in der Renaissance entwickelte sich Atlantis zu einem beliebten Thema unter Gelehrten und Abenteurern, die auf der Suche nach neuen Entdeckungen und Erkenntnissen waren. Die Entdeckungsreisen der Zeit, darunter die Reisen von Christoph Kolumbus und Vasco da Gama, befeuerten die Vorstellung von unbekannten und verlorenen Welten. Atlantis wurde zu einem Symbol für diese Sehnsucht nach Entdeckung und Wissen. Einige Gelehrte spekulierten sogar, dass die neu entdeckten Kontinente Amerika und Atlantis ein und dasselbe sein könnten.

Einer der bekanntesten Renaissance-Gelehrten, der sich mit Atlantis beschäftigte, war der italienische Philosoph und Historiker Francesco Patrizi. In seinem Werk ›Nova de universis philosophia‹, veröffentlichte er eine umfassende Studie über die platonische Philosophie und spekulierte über die mögliche historische Existenz von Atlantis. Patrizi war der Meinung, dass Platons Atlantis auf echten historischen Ereignissen beruhte, die durch die Jahrhunderte hinweg in Mythen und Legenden überliefert wurden.

Auch in England fand die Geschichte von Atlantis großes Interesse. Der englische Philosoph und Staatsmann Francis Bacon verfasste 1627 das Werk ›New Atlantis‹, in dem er eine utopische Gesellschaft beschrieb, die auf wissenschaftlichem Fortschritt und rationaler Regierungsführung basierte. Bacons Werk war stark von Platons Atlantis inspiriert und spiegelte die Ideale der Renaissance wider, die auf Vernunft und Wissen setzten.

Die Renaissance brachte somit eine vielfältige und reiche Auseinandersetzung mit der Atlantis-Erzählung hervor. Die Gelehrten dieser Zeit nahmen Platons Geschichte nicht nur als philosophische Allegorie, sondern auch als Inspiration für ihre eigenen Spekulationen und Entdeckungen. Atlantis wurde zu einem Symbol für die Sehnsucht nach Wissen und die Entdeckung neuer Welten, die den Geist der Renaissance prägte.

Die Wiederentdeckung und Interpretation von Atlantis in der Renaissance zeigt, wie tief die Erzählung in das kulturelle und intellektuelle Leben Europas eindrang. Sie verdeutlicht die anhaltende Faszination für verlorene Welten und die Suche nach dem verborgenen Wissen der Antike. Atlantis wurde zu einem zentralen Motiv, das die Renaissance-Gelehrten anspornte, die Grenzen des Bekannten zu erweitern und neue Horizonte zu erkunden. Diese Epoche legte den Grundstein für die moderne Vorstellung von Atlantis und inspirierte zahlreiche nachfolgende Generationen von Denkern, Abenteurern und Künstlern.

Atlantis in der modernen Wissenschaft

Seit dem 19. Jahrhundert hat die Erzählung von Atlantis eine bemerkenswerte Renaissance erlebt, die von einer Vielzahl wissenschaftlicher Untersuchungen und Theorien begleitet wurde. Diese Entwicklungen spiegeln das anhaltende Interesse und die Faszination wider, die Platons Erzählung in der modernen Welt hervorruft.

Während die meisten Gelehrten Atlantis als eine mythologische oder allegorische Schöpfung ansehen, haben andere unermüdlich nach Beweisen für die tatsächliche Existenz dieser verlorenen Zivilisation gesucht. Dieser Abschnitt beleuchtet die wichtigsten wissenschaftlichen Untersuchungen, Theorien sowie die Debatten und Kontroversen, die die moderne Forschung zu Atlantis geprägt haben.

Wissenschaftliche Untersuchungen und Theorien seit dem 19. Jahrhundert

Die moderne Suche nach Atlantis begann im 19. Jahrhundert, als das Interesse an antiken Zivilisationen und archäologischen Entdeckungen zunahm. Eine der Schlüsselfiguren dieser Epoche war Ignatius Donnelly, ein amerikanischer Politiker und Schriftsteller, der 1882 das Buch ›Atlantis: The Antediluvian World‹ veröffentlichte. Donnelly argumentierte, dass Atlantis die Wiege aller großen Zivilisationen war und dass es eine historische Realität hinter Platons Erzählung gab. Er versuchte, Beweise aus verschiedenen Kulturen und geologischen Phänomenen zu sammeln, um seine These zu stützen. Obwohl seine Theorien von der wissenschaftlichen Gemeinschaft weitgehend abgelehnt wurden, löste Donnellys Werk eine Welle von Interesse und Spekulationen aus, die bis heute anhält.

Im 20. Jahrhundert wurden die wissenschaftlichen Ansätze zur Erforschung von Atlantis weiter verfeinert. Archäologen und Geologen begannen, systematische Untersuchungen durchzuführen, um Hinweise auf die Existenz einer versunkenen Zivilisation im Atlantischen Ozean zu finden. Besonders in den 1960er und 1970er Jahren wurden mehrere Expeditionen unternommen, um den Meeresboden zu erforschen und nach möglichen Überresten von Atlantis zu suchen. Trotz zahlreicher Bemühungen wurden keine schlüssigen Beweise gefunden, die Platons Erzählung bestätigen könnten.

Einige Forscher haben alternative Theorien entwickelt, die Atlantis mit realen geologischen und archäologischen Phänomenen in Verbindung bringen. Eine der bekanntesten Theorien ist die Idee, dass Atlantis mit der minoischen Zivilisation auf der Insel Kreta und dem Vulkanausbruch von Thera (heute Santorin) in Verbindung steht. Diese Theorie wurde erstmals in den 1960er Jahren von dem griechischen Archäologen Spyridon Marinatos vorgeschlagen und hat seither breite Unterstützung gefunden. Marinatos argumentierte, dass die Zerstörung der minoischen Kultur durch den katastrophalen Vulkanausbruch und die anschließenden Tsunamis eine plausible Vorlage für Platons Erzählung von Atlantis sein könnte. Diese Theorie wird durch archäologische Funde auf Santorin und Kreta gestützt, die Hinweise auf eine hochentwickelte Zivilisation und deren plötzlichen Untergang liefern.

Debatten und Kontroversen in der modernen Forschung

Trotz dieser faszinierenden Theorien bleibt die Frage nach der Existenz von Atlantis hoch umstritten. Die wissenschaftliche Gemeinschaft ist in dieser Frage tief gespalten. Während einige Forscher weiterhin nach Beweisen suchen, betrachten andere die Erzählung als reine Fiktion. Eine der größten Herausforderungen bei der Untersuchung von Atlantis ist die fehlende Übereinstimmung in den geographischen und zeitlichen Angaben. Platons Beschreibung der Lage von Atlantis ›jenseits der Säulen des Herakles‹ (heute als Straße von Gibraltar bekannt) und das angegebene Datum von 9.000 Jahren vor Solon haben zu zahlreichen Spekulationen geführt, aber keine eindeutigen Beweise geliefert.

Ein weiterer wichtiger Aspekt der Debatte ist die Frage nach Platons Absicht. Viele Gelehrte argumentieren, dass Platon Atlantis als philosophisches und politisches Gleichnis geschaffen hat, um seine Ideen über den idealen Staat und die Gefahren von Hybris und moralischem Verfall zu illustrieren. In diesem Kontext könnte die Erzählung von Atlantis als eine lehrreiche Fiktion betrachtet werden, die nicht wörtlich genommen werden sollte. Diese Interpretation wird durch die Tatsache gestützt, dass Platon in seinen Dialogen häufig mythologische und allegorische Erzählungen verwendete, um philosophische Konzepte zu verdeutlichen.

Trotz der Skepsis bleibt das Interesse an Atlantis ungebrochen. In den letzten Jahrzehnten haben neue Technologien wie Satellitenbilder, Unterwasserarchäologie und geophysikalische Untersuchungen neue Möglichkeiten eröffnet, nach Hinweisen auf Atlantis zu suchen. Einige Forscher haben vorgeschlagen, dass Atlantis möglicherweise in anderen Regionen wie der Karibik oder dem Mittelmeer zu finden sein könnte. Diese Theorien basieren auf unterschiedlichen Interpretationen von Platons Texten und geologischen Beweisen, die auf katastrophale Ereignisse in der Vergangenheit hinweisen.

Ein bemerkenswertes Beispiel für die anhaltende Faszination und die Kontroversen um Atlantis ist die Expedition des amerikanischen Archäologen Robert Sarmast im Jahr 2004. Sarmast behauptete, Überreste von Atlantis vor der Küste Zyperns entdeckt zu haben. Seine Theorien basierten auf Unterwasserscans, die angeblich Mauerstrukturen und andere Artefakte zeigten. Obwohl seine Behauptungen von vielen Wissenschaftlern skeptisch betrachtet wurden, erregte die Expedition großes mediales Interesse und zeigte, dass die Suche nach Atlantis nach wie vor die Fantasie der Menschen beflügelt.

Zusammenfassend lässt sich sagen, dass die moderne Wissenschaft eine Vielzahl von Theorien und Ansätzen zur Erforschung von Atlantis hervorgebracht hat. Während einige Forscher weiterhin nach materiellen Beweisen suchen, betrachten andere die Erzählung als philosophische und allegorische Schöpfung Platons. Die Debatten und Kontroversen um Atlantis spiegeln die tiefe Faszination und die Komplexität des Themas wider. Unabhängig davon, ob Atlantis jemals existierte oder nicht, bleibt die Geschichte ein kraftvolles Symbol für die menschliche Sehnsucht nach Wissen, Entdeckung und Verständnis.

Atlantis in der Populärkultur

Seit Jahrhunderten hat die Erzählung von Atlantis die menschliche Fantasie beflügelt. Weit über die akademische und wissenschaftliche Diskussion hinaus hat sich der Mythos von Atlantis tief in die Populärkultur eingebrannt.

Die Vorstellung einer verlorenen, hochentwickelten Zivilisation, die durch eine Naturkatastrophe unterging, bietet einen reichhaltigen Nährboden für Literatur, Film und andere Medien. Dieses Kapitel untersucht, wie Atlantis in der modernen Populärkultur dargestellt wird und welche Rolle der Mythos in unserer heutigen Vorstellungskraft spielt.

Atlantis in der Literatur

Die literarische Verarbeitung des Atlantis-Mythos reicht weit zurück, und seit Platons Schriften haben zahlreiche Autoren die Geschichte adaptiert und weiterentwickelt. Jules Verne, einer der bekanntesten Schriftsteller des 19. Jahrhunderts, bezieht sich in seinem Roman ›20.000 Meilen unter dem Meer‹ auf Atlantis. Kapitän Nemo führt seine Gäste in die Ruinen der versunkenen Stadt, wodurch Verne Atlantis als geheimnisvollen, unerforschten Ort darstellt, der sowohl Wunder als auch Gefahren birgt.

Im 20. Jahrhundert griffen Fantasy- und Science-Fiction-Autoren den Atlantis-Mythos auf und integrierten ihn in ihre

Geschichten. H. P. Lovecraft beispielsweise schuf in seinem Cthulhu-Mythos die versunkene Stadt R'lyeh, die stark von der Atlantis-Erzählung inspiriert ist. In zeitgenössischen Romanen wie ›Die Säulen der Erde‹ von Ken Follett und Clive Cusslers ›Dirk-Pitt‹-Reihe spielt Atlantis oft eine zentrale Rolle, sei es als sagenumwobene Schatzkammer oder als Ursprung einer uralten Macht.

Atlantis im Film

Auch im Film hat Atlantis eine beeindruckende Präsenz. Einer der frühesten Filme, der sich dem Thema widmete, war der 1924 erschienene Stummfilm ›Die versunkene Welt‹, der lose auf Platons Erzählung basiert. In den folgenden Jahrzehnten wurde Atlantis in zahlreichen Science-Fiction- und Abenteuerfilmen thematisiert.

Ein herausragendes Beispiel ist der Disney-Animationsfilm ›Atlantis: Das Geheimnis der verlorenen Stadt‹ von 2001. Der Film erzählt die Geschichte einer Expedition, die Atlantis entdeckt und auf eine hochentwickelte, aber vergessene Zivilisation stößt. Mit aufwendiger Animation und einer spannenden Handlung hat dieser Film eine ganze Generation von Zuschauern für den Mythos begeistert.

Auch in der populären TV-Serie ›Stargate: Atlantis‹ wird der Mythos aufgegriffen. Die Serie stellt Atlantis als antike Stadt dar, die von einer fortschrittlichen Alien-Rasse erbaut wurde und in einer fernen Galaxie liegt. Diese moderne Interpretation verbindet den Mythos mit Elementen der Science-Fiction und erweitert damit die Reichweite und Relevanz der Atlantis-Erzählung in der Populärkultur.

Atlantis in anderen Medien

Der Mythos von Atlantis hat auch in Comics, Videospielen und anderen Medienformen Einzug gehalten. In den Marvel-Comics ist Atlantis die Heimat des Superhelden Namor, des Sub-Mariner, der als Herrscher der Meere agiert. Diese Interpretation stellt Atlantis als eine mächtige Unterwasserzivilisation dar, die im Konflikt mit der Oberflächenwelt steht.

Videospiele wie ›Tomb Raider‹ und ›Assassin's Creed‹ nutzen den Mythos von Atlantis als Hintergrund für ihre Geschichten, wobei Spieler in die Tiefen des Meeres abtauchen und uralte Geheimnisse enthüllen können. Diese interaktiven Medien ermöglichen es den Spielern, selbst Teil der Entdeckungsreise zu werden und die Faszination von Atlantis hautnah zu erleben.

Der Mythos von Atlantis in der modernen Populärkultur

Die anhaltende Präsenz von Atlantis in der Populärkultur zeigt, wie tief verwurzelt der Mythos in unserer kollektiven Vorstellungskraft ist. Atlantis verkörpert die Sehnsucht nach dem Unbekannten und dem Wunderbaren. Die Erzählung von einer verlorenen, fortschrittlichen Zivilisation, die durch eine Katastrophe ausgelöscht wurde, spricht grundlegende menschliche Ängste und Hoffnungen an.

In der modernen Populärkultur dient Atlantis oft als Metapher für die Suche nach Wissen und Erkenntnis. Die Vorstellung, dass es Orte gibt, die noch unerforscht sind und Geheimnisse bergen, inspiriert Künstler und Schöpfer in allen Medien. Atlantis steht für das Streben nach Entdeckung und die Hoffnung, dass es immer noch Wunder in der Welt gibt, die darauf warten, entdeckt zu werden.

Zusammenfassend lässt sich sagen, dass der Mythos von Atlantis in der modernen Populärkultur eine bemerkenswerte Vielfalt und Tiefe erreicht hat. Von literarischen Klassikern über Blockbuster-Filme bis hin zu Videospielen und Comics, Atlantis bleibt ein kraftvolles Symbol für Abenteuer, Geheimnisse und die unermüdliche menschliche Neugier. Es zeigt, wie eine uralte Erzählung durch die Jahrhunderte hinweg immer wieder neu interpretiert und belebt werden kann, um die Fantasie und den Geist der Menschen zu beflügeln.

Teil VI: Zusammenfassung und Ausblick

Atlantis: Mythos und Realität

Der Mythos von Atlantis ist seit Jahrhunderten ein faszinierendes Thema, das Künstler, Schriftsteller, Filmemacher und Wissenschaftler gleichermaßen inspiriert hat. Die Vorstellung einer hochentwickelten Zivilisation, die durch eine Naturkatastrophe zerstört wurde, hat tief in der menschlichen Psyche verwurzelte Sehnsüchte nach Entdeckung und Geheimnissen geweckt. In diesem Kapitel werden wir die vielseitige Darstellung von Atlantis in Literatur, Film und anderen Medien erkunden und dabei die verschiedenen Facetten beleuchten, die diesen Mythos zu einem so faszinierenden Bestandteil der modernen Populärkultur gemacht haben.

Literatur:

Von Platon zu modernen Romanen

Die Wurzeln des Atlantis-Mythos liegen in den Schriften von Platon, der die Geschichte einer großartigen Inselnation erzählte, die durch ein Erdbeben und eine Flut unterging. Doch über die Jahrhunderte hinweg hat sich die Erzählung weiterentwickelt und inspirierte zahlreiche Autoren. Bereits im 19. Jahrhundert griffen Schriftsteller wie Jules Verne den Mythos auf. In ›20.000 Meilen unter dem Meer‹, einem seiner bekanntesten

Werke, führt Verne seine Leser in die Tiefen des Meeres, wo die Ruinen von Atlantis entdeckt werden. Verne nutzt die Geschichte, um Abenteuer und wissenschaftliche Erkundungen zu verbinden, und lässt dabei die Grenze zwischen Fantasie und Realität verschwimmen.

Im 20. Jahrhundert setzte die Literaturtradition fort, den Mythos von Atlantis zu erforschen. In H. P. Lovecrafts Cthulhu-Mythos wird die Idee von Atlantis als verlorene Stadt in das Universum der dunklen Mythen integriert. Die Werke Lovecrafts zeigen, wie der Mythos sich mit kosmischer Horror-Literatur vermischt, wobei Atlantis als Ort der uralten, fremdartigen Macht dargestellt wird.

In der zeitgenössischen Literatur hat Atlantis nicht an Relevanz verloren. Autoren wie Clive Cussler und Ken Follett nutzen den Mythos, um spannende Abenteuerromane zu schreiben, die in den Ruinen der versunkenen Stadt spielen. Diese Geschichten nehmen Platons ursprüngliche Erzählung und erweitern sie um Elemente von Schatzsuche, Verschwörung und mystischen Geheimnissen, die den Leser in ihren Bann ziehen.

Film:

Vom Stummfilm zur Blockbuster-Produktion

Die Darstellung von Atlantis im Film hat sich im Laufe der Jahrzehnte stark gewandelt. Der Stummfilm ›Die versunkene Welt‹ von 1924 war einer der ersten, der sich mit dem Thema auseinandersetzte. Er zeigt eine Expedition, die auf der Suche nach Atlantis in die Tiefen des Ozeans vordringt, wobei die archäologischen Entdeckungen und die visuellen Effekte der damaligen Zeit eindrucksvolle Einblicke in die legendäre Stadt bieten.

In den 1960er Jahren erlebte der Mythos von Atlantis eine Renaissance mit Filmen wie ›Der Untergang von Atlantis‹, der auf der romantischen Vorstellung von Atlantis als fortschrittlicher Zivilisation basiert. Diese Filme nutzten die Technik der Zeit, um atemberaubende Unterwasserlandschaften und mystische Ruinen zu erschaffen, die das Publikum in Staunen versetzten.

Der wohl bekannteste Film, der sich mit Atlantis beschäftigt, ist Disney's ›Atlantis – Das Geheimnis der verlorenen Stadt‹ aus dem Jahr 2001. Dieser Animationsfilm erzählt die Geschichte einer Gruppe von Abenteurern, die auf eine Expedition gehen, um die versunkene Stadt zu finden. Mit einer Mischung aus Humor, Spannung und atemberaubender Animation hat der Film nicht nur Kinder, sondern auch Erwachsene begeistert und die Vorstellung von Atlantis als eine verlorene Stadt voller Geheimnisse und Wunder weiter beflügelt.

Videospiele und Comics:

Atlantis als Spielplatz der Fantasie

Auch in der Welt der Videospiele hat Atlantis seinen Platz gefunden. Spiele wie ›Tomb Raider‹ und die ›Assassin's Creed‹

Reihe integrieren Atlantis in ihre Geschichten, indem sie die Spieler in die Tiefen des Meeres und durch uralte Ruinen führen. Diese Spiele bieten nicht nur spannende Abenteuer, sondern auch Rätsel und Entdeckungen, die die Spieler in die Legende von Atlantis eintauchen lassen. Sie kombinieren historische Fakten mit fantastischen Elementen, um eine fesselnde narrative Erfahrung zu schaffen, die den Mythos lebendig werden lässt.

Comics haben Atlantis ebenfalls als zentralen Schauplatz verwendet. Der Marvel-Superheld Namor, der Sub-Mariner, ist ein Beispiel für eine Figur, die aus der Legende von Atlantis hervorgegangen ist. Als König des unterseeischen Reichs Atlantis wird Namor oft in Geschichten dargestellt, die die Konflikte zwischen der Oberflächenwelt und der Meereszivilisation thematisieren. Diese Comics haben Atlantis als eine Art Symbol für den Konflikt zwischen Fortschritt und Natur, zwischen Menschen und Meeren etabliert.

Atlantis in der Populärkultur:

Ein globales Phänomen

In der Populärkultur hat Atlantis eine fast mythische Präsenz erreicht. Die Idee einer untergegangenen Zivilisation ist zu einem Symbol für das Unbekannte und das Geheimnisvolle geworden. Diese Darstellung spiegelt sich in der Musik, der Kunst und der Populärkultur wider. Songs, Gemälde und Literaturwerke, die sich mit Atlantis befassen, zeugen von einer tiefen kulturellen Resonanz. Von der Musikgruppe ABBA, die mit ihrem Song ›The Day Before You Came‹ auf Atlantis anspielt, bis hin zu den zahlreichen Kunstwerken, die die mystischen Aspekte von Atlantis darstellen, bleibt der Mythos ein fesselndes Thema.

In der modernen Populärkultur ist Atlantis nicht nur ein mystischer Ort, sondern auch ein Symbol für das ewige Streben des Menschen nach Wissen und Entdeckung. Der Mythos regt die Fantasie an und inspiriert uns, über die Grenzen des Bekannten hinaus zu denken. Ob in Filmen, Büchern, Videospielen oder Kunstwerken – Atlantis bleibt ein zeitloses Thema, das immer wieder neu interpretiert wird und unsere Vorstellungskraft beflügelt. Es zeigt, wie eine alte Erzählung über die Jahrhunderte hinweg immer wieder neu erzählt werden kann, um neue Generationen zu begeistern und zu inspirieren.

Die Zukunft der Atlantis-Forschung

Die Geschichte von Atlantis hat seit Platons Erzählungen unzählige Generationen von Denkern, Wissenschaftlern und Abenteurern inspiriert. Trotz der fortschreitenden technologischen und wissenschaftlichen Möglichkeiten bleibt das Rätsel um die versunkene Stadt ungelöst. Dieses Kapitel widmet sich den aktuellen Forschungsprojekten und den zukünftigen Perspektiven der Atlantis-Forschung, während es das anhaltende Mysterium beleuchtet, das die Menschen seit Jahrtausenden fasziniert.

Aktuelle Forschungsprojekte

In den letzten Jahrzehnten haben technologische Fortschritte die Möglichkeiten zur Erforschung potenzieller Standorte von Atlantis erheblich erweitert. Moderne Unterwasserarchäologie, geophysikalische Methoden und Satellitenbilder liefern neue Ansätze, um das Rätsel von Atlantis zu lösen.

Ein bemerkenswertes Projekt ist die Erforschung des Mittelmeerraums und des Atlantiks mittels hochentwickelter Sonartechnologie. Diese Methode ermöglicht es, den Meeresboden mit hoher Präzision zu kartieren und mögliche Überreste antiker Zivilisationen zu identifizieren. Forschungen im Bereich des Schwarzen Meeres und der Azoren haben interessante, wenn auch noch nicht schlüssige, Hinweise auf versunkene

Strukturen geliefert, die mit Atlantis in Verbindung gebracht werden könnten.

Ein weiteres bedeutendes Projekt ist die Untersuchung des Santorin-Archipels, das aufgrund des massiven Vulkanausbruchs von Thera oft mit dem Untergang von Atlantis in Verbindung gebracht wird. Archäologen und Geologen arbeiten hier Hand in Hand, um die Auswirkungen des Vulkanausbruchs zu verstehen und herauszufinden, ob dieser die Grundlage für Platons Erzählung gewesen sein könnte. Die Entdeckung der minoischen Stadt Akrotiri, die unter Vulkanasche begraben ist, hat bemerkenswerte Parallelen zu Platons Beschreibung von Atlantis aufgezeigt und die Forschung in diese Richtung beflügelt.

Zukünftige Perspektiven

Die Zukunft der Atlantis-Forschung ist geprägt von interdisziplinären Ansätzen und der Zusammenarbeit verschiedener wissenschaftlicher Disziplinen. Historiker, Archäologen, Geologen und Meeresbiologen arbeiten zusammen, um die Geheimnisse der antiken Welt zu entschlüsseln. Ein besonders vielversprechender Bereich ist die DNA-Analyse antiker Überreste, die neue Erkenntnisse über die Bevölkerung und Kultur der möglichen Atlantis-Region liefern könnte.

Darüber hinaus bietet die Entwicklung von autonomen Unterwasserfahrzeugen (AUVs) und Robotern neue Möglichkeiten, den Meeresboden in bisher unerreichbare Tiefen zu erkunden. Diese Technologien ermöglichen es, detaillierte 3D-

Karten des Meeresbodens zu erstellen und nach Hinweisen auf versunkene Zivilisationen zu suchen. Die fortschreitende Miniaturisierung und Verbesserung von Sensoren und Kameras wird es ermöglichen, auch in schwer zugänglichen Bereichen präzise Daten zu sammeln.

Die künftige Forschung wird auch von der zunehmenden Verfügbarkeit von Big Data und künstlicher Intelligenz profitieren. Diese Technologien können riesige Datenmengen analysieren und Muster erkennen, die für den menschlichen Forscher schwer zugänglich wären. Durch die Kombination von historischen Texten, archäologischen Funden und geophysikalischen Daten können komplexe Modelle erstellt werden, die die Wahrscheinlichkeit verschiedener Hypothesen über den Standort von Atlantis bewerten.

Das anhaltende Rätsel von Atlantis

Trotz all dieser Fortschritte bleibt Atlantis ein Rätsel. Die Frage, ob es sich um eine tatsächliche Zivilisation oder um eine allegorische Erzählung Platons handelt, ist noch immer Gegenstand hitziger Debatten. Was Atlantis jedoch unsterblich macht, ist weniger die Möglichkeit seiner physischen Existenz, sondern vielmehr seine symbolische Bedeutung.

Atlantis steht für die menschliche Sehnsucht nach verlorenen Paradiesen und das Streben nach Wissen über unsere Vergangenheit. Es ist ein Sinnbild für das Streben nach Perfektion und den Fall durch Hybris, ein Thema, das in vielen Kulturen und Mythen weltweit wiederkehrt. Die Erforschung von Atlantis ist somit auch eine Erforschung unserer eigenen Geschichte, unserer Hoffnungen und unserer Fehler.

Während die Suche nach Atlantis weitergeht, bleibt die Geschichte ein kraftvolles Narrativ, das die menschliche Vorstellungskraft beflügelt. Die Kombination von Wissenschaft und Mythos, Fakten und Fantasie schafft einen einzigartigen Raum, in dem wir unsere eigene Vergangenheit reflektieren und unsere Zukunft gestalten können. Atlantis erinnert uns daran, dass das Streben nach Wissen und das Hinterfragen des Unbekannten essenziell für den menschlichen Fortschritt sind.

So bleibt Atlantis ein zeitloses Mysterium, das weiterhin Wissenschaftler und Träumer gleichermaßen inspirieren wird. Es ist ein Zeugnis der unstillbaren Neugier und des unermüdlichen Erkundungsgeistes, der die Menschheit antreibt. In dieser Hinsicht ist Atlantis nicht nur eine Geschichte über eine verlorene Zivilisation, sondern auch eine Geschichte über uns selbst.

Schlusswort

Atlantis: Ein Name, der durch die Jahrhunderte hallt und die Fantasie von Generationen beflügelt hat. Von den ersten Erwähnungen durch Platon bis zu den modernen Interpretationen in Literatur, Film und Wissenschaft bleibt Atlantis ein faszinierendes Rätsel. Die Geschichte dieser sagenumwobenen Inselstadt ist mehr als nur eine Erzählung über ein verlorenes Paradies; sie ist eine Reflexion unserer tiefsten Sehnsüchte, Ängste und Hoffnungen.

Die Erforschung von Atlantis führt uns durch eine Vielzahl von Disziplinen – Philosophie, Archäologie, Geologie, Geschichte und Literatur. Sie zeigt uns, wie eng verwoben wissenschaftliche Untersuchungen und mythologische Erzählungen sein können. In den Dialogen ›Timaios‹ und ›Kritias‹ schuf Platon nicht nur eine detaillierte Schilderung einer hochentwickelten Zivilisation, sondern auch eine Allegorie für moralische und politische Botschaften. Atlantis ist in Platons Werk sowohl ein Sinnbild für den idealen Staat als auch eine Warnung vor den Gefahren von Hybris und moralischem Verfall.

Die Suche nach Atlantis ist auch eine Reise durch die Menschheitsgeschichte. Von den archäologischen Entdeckungen der minoischen Zivilisation auf Kreta bis hin zu den geologischen Untersuchungen des Vulkanausbruchs von Thera sehen wir, wie historische Ereignisse und Naturkatastrophen die

Mythen und Legenden beeinflusst haben könnten. Diese interdisziplinären Studien erweitern unser Verständnis nicht nur von Atlantis, sondern auch von den Zivilisationen, die vor uns existierten.

Doch Atlantis ist mehr als nur ein wissenschaftliches Rätsel. Es ist ein kulturelles Phänomen, das sich im Laufe der Jahrhunderte gewandelt hat. Im Mittelalter wurde Atlantis oft als Symbol für göttliche Vergeltung und moralischen Niedergang interpretiert. Während der Renaissance entdeckten Gelehrte die antiken Texte wieder und begannen, Atlantis als verlorenes Wissen und vergessene Weisheit zu betrachten. In der modernen Populärkultur hat Atlantis eine neue Form angenommen und ist zu einem Synonym für Abenteuer und Geheimnisse geworden, das in Filmen, Büchern und anderen Medien unsterblich ist.

Die Geschichte von Atlantis erinnert uns daran, wie mächtig Mythen und Erzählungen sein können. Sie formen unsere Sicht auf die Welt und inspirieren uns, über die Grenzen des Bekannten hinaus zu denken. Atlantis steht als Beispiel für das menschliche Bestreben, das Unbekannte zu erforschen und die Geheimnisse unserer Vergangenheit zu entschlüsseln. Es zeigt, wie eng unsere wissenschaftlichen Bestrebungen und unsere kulturellen Narrative miteinander verbunden sind.

In einer Zeit, in der Fake News und Fehlinformationen weit verbreitet sind, lehrt uns die Geschichte von Atlantis auch, kritisch zu denken und Quellen sorgfältig zu prüfen. Platons

Erzählung von Atlantis ist ein faszinierendes Beispiel dafür, wie eine Geschichte gleichzeitig als historische Aufzeichnung und als philosophische Allegorie verstanden werden kann. Diese Mehrdeutigkeit fordert uns auf, stets neugierig zu bleiben und verschiedene Perspektiven zu berücksichtigen.

Letztendlich ist Atlantis mehr als nur ein Mythos. Es ist ein Spiegelbild unserer eigenen Reise als Menschheit – eine Reise voller Entdeckungen, Fehler und Fortschritte. Die Erforschung von Atlantis lehrt uns, dass das Streben nach Wissen und die Bereitschaft, das Unbekannte zu erkunden, wesentliche Bestandteile unserer Natur sind. In diesem Sinne ist Atlantis nicht nur ein verlorenes Paradies, sondern auch ein Symbol für die unendliche Neugier und den unermüdlichen Geist, der die Menschheit vorantreibt.

Während wir das Buch ›Die Erfindung von Atlantis‹ abschließen, bleibt die Geschichte von Atlantis lebendig. Sie fordert uns auf, weiterzuforschen, Fragen zu stellen und die Geheimnisse der Vergangenheit zu entschlüsseln. Denn in der Suche nach Atlantis finden wir nicht nur eine versunkene Stadt, sondern auch ein tieferes Verständnis unserer selbst und unserer gemeinsamen Geschichte.

Über den Autor

Lutz Spilker wurde im Jahre 1955 in Duisburg geboren.

Bevor er zum Schreiben von Romanen und Dokumentationen fand, verließen bisher unzählige Kurzgeschichten, Kolumnen und Versdichtungen seine Feder.

In seinen Büchern befasst er sich vorrangig mit dem menschlichen Bewusstsein und der damit verbundenen Wahrnehmung. Seine Grenzen sind nicht die, welche mit der Endlichkeit des Denkens, des Handelns und des Lebens begrenzt werden, sondern jene, die der empirischen Denkform noch nicht unterliegen.

Es sind die Möglichkeiten des Machbaren, die Dinge, welche sich allein in der Vorstellung eines jeden Menschen darstellen und aufgrund der Flüchtigkeit des Geistes unbewiesen bleiben. Die Erkenntnis besitzt ihre Gültigkeit lediglich bis zur Erlangung einer neuen und die passiert zu jeder weiteren Sekunde.

Die Welt von Lutz Spilker beginnt dort, wo zu Beginn allen Seins nichts Fassbares war, als leerer Raum. Kein Vorne, kein Hinten, kein Oben und kein Unten. Kein Glaube, kein Wissen, keine Moral, keine Gesetze und keine Grenzen. Nichts.

In Lutz Spilkers Romanen passieren heimtückische Morde ebenso wie die Zauber eines Märchens. Seine Bücher sind oftmals Thriller, Krimi, Abenteuer, Science Fiction, Fantasy und selbst Love-Story in einem.

»Ich liebe die Sprache: Sie vermag zu streicheln, zu liebkosen und zu Tränen zu rühren. Doch sie kann ebenso stachelig sein, wie der Dorn einer Rose und mit nur einem Hieb zerschmettern.«

In dieser Reihe sind bisher erschienen

Die Erfindung der Namen
Die Erfindung des Bewusstseins
Die Erfindung des freien Willens
Die Erfindung des Wahrsagens
Die Erfindung der Körpersprache
Die Erfindung des Schlafs
Die Erfindung der Sklaverei
Die Erfindung der Angst
Die Erfindung der Vernunft
Die Erfindung des Vollmonds
Die Erfindung des Vitamin B
Die Erfindung des Make-Up
Die Erfindung des Weihnachtsfestes
Die Erfindung des Ku-Klux-Klan
Die Erfindung des Träumens
Die Erfindung der Flaschenpost
Die Erfindung der Mafia
Die Erfindung der Freimaurer
Die Erfindung der Freibeuter
Die Erfindung der Raumfahrt
Die Erfindung der Tempelritter
Die Erfindung des ADHS-Syndroms
Die Erfindung der Homöopathie
Die Erfindung der Freizeitparks
Die Erfindung des Werwolfs
Die Erfindung des Astralkörpers
Die Erfindung des Zölibats
Die Erfindung des Herkules
Die Erfindung des Vampirs
Die Erfindung der Philosophie
Die Erfindung des Bieres
Die Erfindung der Geister
Die Erfindung des Ungeheuers von Loch Ness
Die Erfindung der Prä-Astronautik
Die Erfindung des Voodoo
Die Erfindung des Stierkampfs
Die Erfindung des Sinns des Lebens
Die Erfindung des Einhorns
Die Erfindung von Atlantis

Zeitfracht Medien GmbH
Ferdinand-Jühlke-Straße 7
99095 Erfurt, Deutschland
produktsicherheit@kolibri360.de